Die UNlangweiligste Schule der Welt

Die entführte Lehrerin

Die ~~langweiligste~~ unlangweiligste Schule der Welt

Band 1 Auf Klassenfahrt

Band 2 Das geheime Klassenzimmer

Band 3 Die entführte Lehrerin

Band 4 Zeugnis-Alarm!

Band 5 Duell der Schulen

Band 6 Geisterstunde

Band 7 Der Schüleraustausch

Weitere unlangweilige Abenteuer sind in Vorbereitung!

Sabrina J. Kirschner

Die ~~langweiligste~~ unlangweiligste Schule der Welt

Die entführte Lehrerin

Mit Bildern von Monika Parciak

CARLSEN

Mission: Die entführte Lehrerin 505.ZZZ.3

VERTRAULICH!
BEHÖRDE FÜR
BFLB
LANGEWEILEBEKÄMPFUNG

!!

AKTENZEICHEN 505.ZZZ

NAME: Maximilian „Maxe“ Zack
LEHRERIN: Frau Penne

ÄUSSERE MERKMALE: braune Augen, 145 cm, Nase leicht schief (da bereits 2x gebrochen), Schultasche zugemüllt
KLASSENBUCHEINTRÄGE: 1257
BESONDERE FÄHIGKEITEN: einfallsreich, mutig
HAUSTIER: Makkaroni (Labrador)
GESCHWISTER: 2 große Brüder, 1 kleiner Bruder
KENNTNISSE: Streiche, Stinkbomben
NOTEN: Darüber reden wir lieber nicht.
LEIBSPEISE: Makkaroni mit Käse
AUSSERDEM: hasst Schule, Erzfeind: Direktor Schnittlich

505.ZZZ
SCHNITTLICH-SCHULE

NAME: Frieda Geratwol
LEHRERIN: Frau Penne

ÄUSSERE MERKMALE: blaue Augen, lange braune Haare, 166 cm, trägt gern T-Shirts mit seltsamen Sprüchen drauf
KLASSENBUCHEINTRÄGE: 2
BESONDERE FÄHIGKEITEN: zuverlässig, stur, megaschlau
HAUSTIER: Knutschkugel (Katze)
GESCHWISTER: keine
KENNTNISSE: weiß alles, kann alles (okay, alles außer werfen)
NOTEN: 1,0
LEIBSPEISE: Nusshörnchen
AUSSERDEM: liebt Schule, will mal Lehrerin werden

NAME: Anna-Maria Penne
BERUF: Lehrerin

ÄUSSERE MERKMALE: trägt immer dasselbe (oder hat alles doppelt)
BESONDERE FÄHIGKEITEN: Schüler in den Schlaf quatschen, Kinder zu Tode langweilen
LIEBLINGSLAND: Italien
LEIBSPEISE: Pasta mit Pesto, vielleicht Schokolade?

BEHÖRDE FÜR ★ BFLB ★ LANGEWEILEBEKÄMPFUNG

NAME: Horst Schnittlich
BERUF: Schulleiter

ÄUSSERE MERKMALE: Durchschnittstyp
BESONDERE FÄHIGKEITEN: gemein sein, sich Regeln ausdenken für das von ihm entwickelte „Schnittliche Schulregularium“
ERZFEIND(E): Kinder
LEIBSPEISE: alle Arten von Wurst

STRENG GEHEIM!

AKTENZEICHEN 505.ZZZ

NAME: Karl von Streichzapf
LEHRERIN: Frau Penne

ÄUSSERE MERKMALE: Gelhaare, schnieke Klamotten
KLASSENBUCHEINTRÄGE: 1
BESONDERE FÄHIGKEITEN: nett tun, bestimmen, schlummern
LEIBSPEISE: Cordon bleu

NAME: Elinore Pfusch
LEHRERIN: Frau Penne

ÄUSSERE MERKMALE: dünne Schnittlauchhaare
KLASSENBUCHEINTRÄGE: 1
BESONDERE FÄHIGKEITEN: nichts tun, chillen, tagträumen
LEIBSPEISE: Nudeln

NAME: Pascal Schwazer
LEHRERIN: Frau Penne

ÄUSSERE MERKMALE: lispelt, feuerrotes Haar
KLASSENBUCHEINTRÄGE: 2
BESONDERE FÄHIGKEITEN: Gruselgeschichten erzählen, übertreiben, wegratzen
LEIBSPEISE: Blutwurst mit Kartoffelbrei

NAME: Suse Zickler
LEHRERIN: Frau Penne

ÄUSSERE MERKMALE: Kleidchen, Blümchen, Schleifchen, blonde Zöpfe
KLASSENBUCHEINTRÄGE: 1
BESONDERE FÄHIGKEITEN: rumheulen, zicken, nölen, dösen
LEIBSPEISE: Erdbeerkuchen

STRENG GEHEIM!

NAME: Anton Fuchs
LEHRERIN: Frau Penne

ÄUSSERE MERKMALE: dicke Brille
KLASSENBUCHEINTRÄGE: 3
BESONDERE FÄHIGKEITEN: mutig, ehrlich, kann Streit schlichten, schnarchen
LEIBSPEISE: Honigbrot

NAME: Felix Frohm
LEHRERIN: Frau Penne

ÄUSSERE MERKMALE: neongrüne Zahnspange
KLASSENBUCHEINTRÄGE: 1
BESONDERE FÄHIGKEITEN: krasse Lache, alles gut finden, pennen
LEIBSPEISE: Nudelsuppe

AKTENZEICHEN 505.ZZZ

NAME: Egon Traufe
BERUF: Hausmeister

ÄUSSERE MERKMALE: kratzige Stimme, buckliger Rücken, lichtes Haar
HAUSTIER: Alfons (Englische Bulldogge)
BESONDERE FÄHIGKEITEN: Schüler aufspüren, Schüler bestrafen
LEIBSPEISE: Salat mit Gurke

505.ZZZ
SCHNITTLICH-SCHULE

NAME: Flora Heuchle
BERUF: Sekretärin

ÄUSSERE MERKMALE: X-Beine, Stöckelabsätze, tomatenrote Lippen
HAUSTIER: Papagei
BESONDERE FÄHIGKEITEN: übertrieben freundlich sein
LEIBSPEISE: Käsestückchen

BEHÖRDE FÜR
★ BFLB ★
LANGEWEILEBEKÄMPFUNG

STRENG
GEHEIM!

Der Auftrag beginnt ...

Mission: Die entführte Lehrerin 505.ZZZ.3/01

MONTAG, 26. JUNI, 6:01 UHR. MITTELHAUSEN. BFLB MOBILE ZENTRALE.

Melde mich pünktlich zum Dienst.
Uns läuft die Zeit davon! Die Sommerferien nahen. Wir brauchen in den nächsten zwei Wochen dringend einen einschlägigen Erfolg an der Schnittlich-Schule. Trotz der vielversprechenden Missionen „Auf Klassenfahrt" und „Das geheime Klassenzimmer" klebt die Langeweile schon wieder wie alter Kaugummi in den Schulfluren. Höchste Zeit für einen neuen Einsatz unseres Geheimagenten Maximilian Zack! Der Auftrag mit dem STRENGSTENS! VERTRAULICHEN! Aktenzeichen ZZZ.3 wird die bislang größte Prüfung für Maulwurf Zack. Denn eins ist klar: Sollte die Mission scheitern, heißt es Ende, aus, Mickymaus für die Klasse!

Mit freundlichen Grüßen

Insp. RR

Die langweiligste Mathestunde der Welt

Als sich der Klassensprecher erhob, wusste Maxe, dass sie verloren hatten. Schluss, aus, vorbei. Karl von Streichzapf würde reden. Nein – er würde singen wie ein Vogel!

Eigentlich tat er es bereits. Bis jetzt jedoch nur ganz, ganz leise.

„Das geheime Klassenzimmer … ich muss ins …“

Kaum ein Flüstern, aber Maximilian Zacks scharfe Ohren hatten es dennoch gehört. „… geheime Klassenzimmer!“

Langsam, fast in Zeitlupe, richtete sich Karl zwischen seinem Stuhl und den Schulbänken auf.

Seine Arme wanderten vor ihm in die Höhe, bis sie waagerecht ausgestreckt waren. Seine Fingerspitzen zitterten. „Das geheime Klassenzimmer … ich muss ins geheime Klassenzimmer …“

Maxe hielt die Luft an. Was machte Karl denn da? Würde er sich jetzt melden? Oder es in ein paar Sekunden lautstark rausposaunen? Nein, das konnte der Klassensprecher nicht riskieren. Er kannte die Regeln. Jeder wusste, wie hart die Strafe für unaufgefordertes Reden an der Schnittlich-Schule war: Ein schrecklicher, fürchterlicher, unfassbar grauenhafter Trip zu Direktor Schnittlich drohte … Maxe schüttelte es beim bloßen Gedanken daran.

Doch Karl stand einfach nur da. Und wisperte. Dann, noch unendlich langsamer als zuvor, drehte er sich um. Jetzt sah er direkt zu ihm nach hinten.

Maxe keuchte. Karls Augen! Sie waren leer, vollkommen leer und starr.

Speichel tropfte dem Klassensprecher aus dem Mundwinkel. Ein fetter Sabberfleck bildete sich auf seinem piekfeinen blütenweißen Streberhemdkragen. „Ich muss ins geheime Klassenzimmer …“

Maxes Blick schoss zur Tafel. Frau Penne, die Klassenlehrerin, hatte noch nichts bemerkt. Ein Glück!

„Maxe, was machen wir denn jetzt? Du musst etwas tun! Nur du kannst ihn stoppen …“ Friedas Stimme bahnte sich einen Weg in Maxes wild rasende Gedanken. Frieda, seine Tisch- und Hausnachbarin. Sie musste es wissen, denn sie wusste immer alles. Eine waschechte Total-Streberin sozusagen. Was manchmal ganz schön nervte.

Er überlegte. Wie konnte er Karl aufhalten? Karl von Streichzapf in Zombiestarre. Vermutlich auf dem Weg in ihrer aller Verderben. Die Lage war ernst.

Unter keinen Umständen durfte Frau Penne erfahren, dass die Klasse in Schulleiter Schnittlichs Schlafzimmer gewesen war! Und schon gar nicht, dass sie dort hinter dem Bettvorhang das geheime Klassenzimmer entdeckt hatten! Nicht auszudenken, was passieren würde, wenn der Schulleiter davon Wind bekam …

Maxe sah sich um. Auf den Tischen türmten sich

die Hefte. Dahinter versteckt lagen die Kinder mit den Köpfen auf den Tischen. Keiner rührte sich. Außer Karl, der allerdings nicht merkte, dass er schlafend umherwandelte.
„Ich muss ihn wecken!“, wisperte Maxe und war bereits vom Stuhl gerutscht.
„Wir dürfen ihn auf *gar keinen Fall* wecken!“, zischte Frieda. „Schlafwandler wecken ist gefährlich! Das weiß doch jedes Kind!“ Sie zog Maxe zurück und stieß dabei aus Versehen gegen ihren Rechenheftstapel. Genau wie ihre Mitschüler hatte sie seit dem Morgen bereits zehn Hefte vollgeschrieben.
Eins davon flatterte Felix ins Genick. Schläfrig setzte er sich auf. „Ich bin da, alles klar?“, nuschelte er und gähnte.
„Nee, nichts ist klar …“, jammerte Frieda leise und beobachtete, wie Karl durch den Mittelgang wandelte.
„Und wenn die Penne herauskriegt, dass wir in den geheimen Gängen hinter Schnittlichs Büro waren?“ Maxe kribbelte es in den Füßen. Er musste etwas unternehmen! Karl trottete

geradewegs auf die Tafel zu! „Das darf auf keinen Fall passieren!"
„Hihihi, was macht denn Karl?" Felix kicherte.
„Ich muss ins geheime Klassenzimmer …" Karls Stimme war kaum mehr als ein Hauch – aber man hörte ihn!
Ein kurzer Blick zur Lehrerin verriet Maxe, dass sie noch immer mit voller Konzentration die Kettenaufgabe löste, die sie vor viereinhalb Stunden begonnen hatte. Inzwischen war sie bei Rechenschritt 458 und gewöhnlich machte sie weiter bis zu Schritt 500. Er seufzte erleichtert.
„Freu dich nicht zu früh! Wenn sie sich jetzt verrechnet, ist es aus", sagte Frieda.
„Warte, ich muss kurz mitschreiben und nachrechnen … behalt du Karl solange im Auge, okay?" Hastig kritzelte Frieda die letzten fünfzehn Schritte mit, dann griff sie nach einem neuen Heft.
Maxe blies die Backen auf. Am liebsten würde er sofort aufspringen und Karl überwältigen, bevor der ihr ganzes Geheimnis ausplauderte! Doch einen weiteren Eintrag im Klassenbuch konnte er sich nicht leisten.

„Mist! Da ist was falsch …“, flüsterte Frieda. „Mach dich aufs Schlimmste gefasst!“

Die Klassenlehrerin geriet ins Stocken. „1245 minus 354, ist gleich … hm … fünf weniger vier und …“ Frau Penne sah in ihr Lösungsheft. „Hm, hier steht, dass das Ergebnis von Rechenschritt 458 eigentlich 25 sein sollte …“

Karl taumelte nun vor dem Lehrerpult herum.

Maxe faltete die Hände. „Bloß nicht umdrehen, bloß nicht …“

„Wir haben uns verrechnet!“, verkündete die Penne und wandte sich in Zeitlupe um. „Leider müssen wir noch mal von vorne anfangen!“

Frieda kreischte auf und raufte sich die Haare. „Wusste ich's doch!“

Maxe hielt die Luft an. Noch hatte Frau Penne den Klassensprecher nicht entdeckt.

„Bitte nicht!“, heulte Frieda und ließ den Kopf auf ihr Rechenheft sacken.

„Wir können doch einfach mit dem falschen Ergebnis weitermachen!“ Elinore, die in der vordersten Reihe saß, spähte müde zwischen ihren strähnigen Haaren hindurch. „Ist doch wurscht!“

Suse Nölinger weinte. „Ich hab aber keine Hefte mehr übrig!“ Wie auf Knopfdruck kullerten dicke Tränen über ihre Wangen und durchtränkten ihr pinkes T-Shirt.

Karl war stehen geblieben. Jetzt schüttelte er sich.

Irritiert blickte Frau Penne zu Karl. „Herr von Streichzapf?“, fragte sie und zog ihre buschige Augenbraue hoch. „Kann ich dir helfen?“

Maxe hielt noch immer die Luft an. Frieda hob den Kopf.

„Schritt 289 ist falsch. Das Ergebnis lautet 124 und nicht 128“, verkündete Karl und klang dabei wie ein Roboter.

„Hä?“, sagte Maxe.

„Woher weiß der das jetzt so schnell?“ Frieda rümpfte die Nase. Niemand rechnete schneller als sie! Auch nicht Karl. Zumindest nicht der wache Karl …

„Schläft der jetzt oder nicht?“ Maxe war unschlüssig.

„Regel 339 des Schnittlichen Schulregulariums besagt, dass bei einer fehlerhaften Kettenaufgabe stets von vorne begonnen werden muss.“ Frau

Penne plusterte sich auf. „Zur Disziplinierung … ähhh … des fehlerhaften Geists!"
Maxe stöhnte! Immer dieses Teufelswerk von Direktor Schnittlich – er hatte die Hunderte und Aberhunderte von Regeln nur erfunden, um Kinder zu quälen. Denn der Direktor hasste Kinder, noch mehr als niedliche Tiere und bunte Blumen.
„Karl von Streichzapf! Setzen!", leierte die Penne.
Doch Karl bewegte sich nicht. Stattdessen murmelte er: „Ich muss ins geheime …"
Maxe keuchte. Oh nein, nein, nein!

Lautes Scheppern dröhnte durchs Klassenzimmer.
Die Kinder zuckten zusammen. Maxe zog den Kopf ein.
Ding, dang, dong!
„Test, 1–2–3“, verkündete eine aufgekratzte Frauenstimme. Es knackte. Dann war wieder die Frau zu hören: „Ich glaube, es funktioniert!“
Im Hintergrund polterte es und ein Mann wetterte los: „Na, dann fangen Sie doch endlich mal an!“

Voller Grauen erkannte Maxe die Stimme von Direktor Schnittlich.
Hüstelnd meldete sich die Frau wieder: „Liebe Kinder! Hier kommt eine Durchsage!“
Maxe wusste nicht, ob er lachen oder weinen sollte. Auf jeden Fall kam die Durchsage genau im richtigen Moment!
„Ich freue mich, euch zur ersten Schulranzenkontrolle einzuladen!“, trällerte es durchs Mikro. Das war die Schulsekretärin, Frau Heuchle. „Laut dem Schnittlichen Schulregularium, Zusatz *5.A.21.B* – heute in Kraft getreten –, gibt es ab sofort regelmäßige stichprobenartige Kontrollen der Schülerausstattung.“ Der Lautsprecher kreischte. Erschrocken hielten sich die Kinder die Ohren zu. „Ist das nicht wunderbar?“ Das Quietschen verstummte. Wieder knackte es.
Dann war es still.
Totenstill.
Niemand im Klassenzimmer wagte es zu sprechen. Furcht schnürte den Schülern den Hals zu wie ein eingelaufener Rollkragenpulli.
Maxe konnte sein Pech kaum fassen.

Langsam verzogen sich die Lippen der Klassenlehrerin zu einem dünnen Lächeln. „Maximilian Zack, deine Tasche bitte!“

Maxe riss die Augen auf. Was passierte hier gerade? Das musste ganz eindeutig der falsche Film sein. Schnitt!!!, hätte er am liebsten gebrüllt.

Gierig drängte die Lehrerin an Karl vorbei und warf sich förmlich auf Maxes Schultasche. Ja, darauf hatte sie gewartet! Er konnte förmlich ihre Gedanken lesen: „Eeeendlich hab ich ihn!“

Mit spitzen Fingern zog Frau Penne seine Tasche unter der Bank hervor und schnüffelte. „Igitt!“

Maxe schluckte. Hätte er gestern Abend doch bloß die matschige Banane von vorletzter Woche da rausgeholt!

Ohne Eile schob Frau Penne Maxes Hefte beiseite, bevor sie die Schultasche auf seinem Tisch ausleerte.

„Oh nein, bitte nicht …“, stöhnte Maxe.

Zu spät: Schon türmten sich eine Packung Chips, ein Stapel Fußballsammelkarten und ein Pausenbrot mit Belag vor ihm – alles Dinge, die an der Schnittlich-Schule strengstens verboten waren. Regel 2399 bis 4560 des Schnittlichen Regulariums oder so.

„Verbotene Gegenstände!", rief Frau Penne da auch schon triumphierend. „Laut dem Schnittlichen Schulregularium, Regel 204, sind schmackhafte Pausenmahlzeiten strengstens verboten!"

Maxe sackte auf seinem Stuhl zusammen. Dass Karl immer noch mit ausgestreckten Armen vor dem Lehrerpult stand, interessierte ihn nicht mehr. Vor seinem inneren Auge sah er sich bereits auf dem stillen Örtchen sitzen – dem Wartestuhl vor dem Direktorat. Gleich würde Frau Penne Maxes selbst gebaute Schleuder entdecken, die unter dem Deutschbuch hervorlugte.

Die Lehrerin angelte die angeschimmelte Banane aus dem Stapel. „Maximilian Zack, wie oft soll ich dir noch sagen –?"

„Sie können meine Tasche als Nächstes durchsuchen!", mischte sich Frieda plötzlich ein. Sie war aufgesprungen und hielt der Lehrerin ihre Schultasche hin.

Maxe hätte sie umarmen können.

Frau Penne legte die verschimmelte Banane zurück aufs Maxes Hefte. „Schön, zeig mal her!"
Die Klasse war noch immer wie versteinert. Nur langsam löste sie sich aus der Schockstarre.
„Ich will meine Tasche nicht ausschütten", heulte Suse auf.
„Hat wer was gesagt? Was ist los?", meldete sich Anton verschlafen und griff nach einem Brillenputztuch.
„Ich weißßß esss nicht. Aber bessstimmt hat Maxxxe wasss ausssgefresssen!", lispelte Pascal Schwazer, der gerade erst aufgewacht war, zur Antwort.
Frau Penne beachtete ihre verschlafenen Schüler nicht weiter. „Mausgrau, steingrau, staubgrau, kieselgrau … vorzüglich!" Zufrieden betrachtete sie Friedas feinsäuberlich gespitztes Stiftsortiment.
„Wegen mustergültiger Führung bist du von der nächsten Taschenkontrolle befreit, Fräulein Geratwol!"
Mit einem Lächeln räumte Frieda ihre Tasche wieder ein.
Doch die Lehrerin war noch längst nicht fertig.

„Der Nächste bitte, warum dauert das so lange?“ Ihr Blick kroch durch die Klasse. „He, du, ja, du, Suse, gib mir mal deine Tasche!“, befahl sie in einem Ton, der keinen Widerspruch duldete.
Nervös zupfte Suse an ihrem blonden Zopf, während sie hektisch die knallpinke Schultasche unter der Bank hervorzerrte.
Mit beiden Händen packte die Lehrerin Suses Tasche und leerte sie über dem Tisch aus. Heraus fielen jede Menge Hefte. Suses Kopf war nun genauso pink wie ihre Tasche, ihr Kleid und ihre Glitzerschuhe.
Frau Penne kramte zwischen den Sachen herum. „Was haben wir denn da?“ Auf einmal stieß sie einen spitzen Schrei aus. „Stickeralben? Wo sind denn deine Schulutensilien?“
Suses Gesichtsfarbe wechselte von Pink zu Tomatenrot. „Ich … äh … also ich …“
Die Klassenlehrerin umklammerte die rosaroten Buntstifte und hielt sie anklagend hoch.
„Regel 409: Farbige Buntstifte sind strengstens untersagt, die einzig zulässigen Farben sind Schwarz und Grau in allen Schattierungen!“

Maxe nutzte die Gelegenheit und schob unauffällig die Chips, die Fußballkarten und sein Pausenbrot zurück in den Rucksack.
Geschäftig griff Frau Penne nach den Taschen von Anton und Elinore. Beide saßen in der ersten Reihe. *Wusch!*, entleerte sie Antons Tasche und fischte zwischen den Brillenhüllen (er hatte tatsächlich mehrere bei sich, falls mal eine verloren ging) und einem kleinen Teddybären zwei Comichefte heraus. „Ha!“, rief sie triumphierend. „Diese Art von Büchern steht schon seit 1999 auf der schwarzen Liste!“
Gerade wollte sie Elinores Tasche ausschütten, als ihr Blick an einer kleinen bunten Schachtel hängen blieb. Hörbar sog sie die Luft ein. „Scho-ko-la-de mit Erd-beer-stück-chen und Minz-fül-lung?!“ Frau Penne betonte jede einzelne Silbe. Ihre Stimme bebte. Sie leckte sich die Lippen.
Sofort herrschte Totenstille im Raum. Keiner traute sich mehr zu atmen.
Maxe schluckte schwer. Er wusste, was jetzt kam. „Anton! Klassenbucheintrag!“, rief Frau Penne da auch schon. Gierig packte sie die Schokolade,

stopfte sie in ihre Handtasche und stolperte zur Tür. Karl, der noch immer schlafend vor ihrem Schreibtisch stand, schenkte sie keine Beachtung. „Ich muss sie zum Hausmeister bringen, und zwar sofort!“ Die Lehrerin drückte die Klinke runter und holte tief Luft. „Laut dem Schnittlichen Schulregularium, Regel 333, ist Schokolade in der Schule strengstens verboten.“ Eine Sekunde verharrte sie im Türrahmen. „Keiner rührt sich von der Stelle, bis ich zurück bin! Verstanden?“

Die Kinder hielten die Luft an, während Frau Penne aus der Klasse stürmte und die Tür hinter ihr krachend ins Schloss fiel.

Mission: Die entführte Lehrerin 505.ZZZ.3/02

MONTAG, 26. JUNI

LBE:

1 Notizblock
1 extrem wichtig aussehender Mitarbeiterausweis der BfLb
1 Tafel Schokolade
2 leckere Marmeladenbrötchen für die Mittagspause
1 Paar Gummistiefel

12:05 UHR. MITTELHAUSEN. SCHNITTLICH-SCHULE, HAUPTEINGANG.

Bin nun vor Ort in der Schule des Grauens. Werde versuchen, mit Geheimagent Zack in Kontakt zu treten. Muss jedoch vorsichtig vorgehen. Ich meine nämlich, den Leiter dieser Einrichtung hinter dem „Bitte leise gehen"-Schild neben dem Lehrerzimmer erspäht zu haben. Wie es aussieht, hat er sich dort versteckt. Sicherlich, um dem Kollegium ungestört hinterherzuspionieren. Pah, so ein Anfänger! Ich habe ihn sofort entdeckt! Melde mich, wenn Mission erfolgreich angelaufen ist.

MfG Insp. RR

Penne weg!

Ich muss zum geheimen Klassenzimmer …“, tönte es plötzlich durch die Stille. Maxe blinzelte. Inzwischen hatte er Karl ganz vergessen. Frieda sprang auf. „Warum, glaubst du, heißt es *geheimes* Klassenzimmer?!“, fuhr sie den schlafenden Klassensprecher an. Natürlich umsonst. Unbeteiligt blickte er ins Leere.
„Was machen wir jetzt?“, fragte Anton. „Ich will meine Schokolade wiederhaben!“
„Wir sollten leise sein, damit uns keiner hört!“, riet Elinore müde. Ihre Augen lagen tief in den Höhlen und sie sah sich verstohlen um. „Wer weiß, wer

alles zuhört …¿“, wisperte sie durch ihren Haarvorhang.
Frieda presste die Lippen zusammen. Damit lag Elinore vielleicht gar nicht so falsch.
„Ich seh niemanden!“, schnaubte Anton.
„Die Wände haben Ohren …“, flüsterte Elinore und zog den Kopf ein. „Überall …“
Plötzlich stieß Karl mit dem Knie gegen die erste Tischreihe.
„Wasss issst mit Karl losss¿“, fragte Pascal dazwischen. „Ich hab mal einen Zzzombiefilm gesssehen, wo die alle Möbel kurzzz und klein gehauen haben. Wie hießßß der denn noch mal …¿“ Auch wenn er lispelte, hörte er sich in der Regel am liebsten selbst reden.
Der Klassensprecher strauchelte seitwärts und stolperte.
„Oh no …“, rief Maxe noch. Dann schlug Karl auch schon der Länge nach auf dem Plastikboden auf.
Einen Moment herrschte verwunderte Stille.
Dann begann Karl zu schreien. Und zwar wie am Spieß!

„Jetzzzt issst er wach!“, gluckste Pascal.
Endlich kam Bewegung in die Klasse. Maxe stürzte nach vorn, dicht gefolgt von Frieda.
„Was ist denn nun kaputt?“, rief er ihr zu.
Doch seine Nachbarin zuckte nur die Schultern.
„Keine Ahnung, aber ich habe dir ja gesagt, es ist nicht gut, einen Schlafwandler zu wecken …“
Gemeinsam mit Anton, Suse und Felix rollten sie den kreischenden und um sich schlagenden Klassensprecher auf den Rücken. Mit schreckgeweiteten Augen sah er von einem besorgten Kindergesicht zum anderen. Dabei schrie er noch immer in den höchsten Tönen.
Maxe grinste schief. „Zumindest quatscht er kein geheimes Zeugs mehr aus!“
Langsam rappelte Karl sich auf.
„Karl?“, piepste Suse und ging, genau wie die anderen Kinder, einen Schritt zurück. Keiner traute sich an ihn heran. Nur Maxe suchte fieberhaft nach einem Weg, den Klassensprecher ruhigzustellen. Wenn der weiter so schrie, kam die Penne im Nu wieder zurück und trug sie alle ins Klassenbuch ein!

Da fiel sein Blick auf den nassen, von Kreidewasser durchtränkten Tafelschwamm. Ohne lange zu überlegen, lief Maxe nach vorne, schnappte sich den tropfenden Klumpen und warf.

Der Schwamm sauste durch den Raum und das Wasser spritzte in alle Richtungen. „Igiiiiitt!" Kreischend hechteten die Schüler zur Seite.

Schmatz! Das Geschoss landete mitten in Karls zur Grimasse verzerrtem Gesicht.

Ein letztes ersticktes Gurgeln. Dann war es schlagartig still.

Entsetzt beobachteten die Kinder, wie der nasse Schwamm Karls Gesicht hinabglitt und schließlich auf den Boden vor seine Füße plumpste. *Patsch!*

Karl von Streichzapf starrte Maxe entgeistert an.

Maxe schluckte. Das würde Ärger geben. Aber immerhin schrie der Klassensprecher nicht mehr.

„Jetzt reicht es mir aber!", stieß Karl hervor und schwankte auf die Klassenzimmertür zu.

„He, du kannssst jetzzzt nicht da rausss!" Pascal packte Karls Arm. Doch Karl schüttelte ihn wütend ab. Gerade erreichte er die Tür, als sie ihm plötzlich schwungvoll entgegenflog.

„Ruhe!“, donnerte es durch den Raum. „Was geht hier vor sich?“
Oh Schreck! Maxe riss die Augen auf. Das konnte nicht sein. Das durfte nicht sein!
„Hab doch gesagt, die Wände haben Ohren …“, flüsterte Elinore.
„Alle sofort zurück auf ihre Plätze!“ Schulleiter Schnittlichs Stimme war weder laut noch leise. Doch alle folgten ihm aufs Wort.
Im Nu waren die Kinder zurück auf ihren Stühlen. Selbst Karl mit den weißen Kreideschlieren im Gesicht und dem durchweichten Hemd.
Maxe und Frieda saßen stocksteif nebeneinander. Keiner traute sich, etwas zu sagen. Verschreckt starrten alle nach vorn zu Herrn Schnittlich.
„Wo ist Ihre Klassenlehrerin?“, wollte der Schulleiter wissen. Seine kleinen grauen Augen huschten durch den Raum, tunlichst darum bemüht, keines der Kinder direkt anzusehen.
Niemand antwortete. Maxe verkrampfte sich. Auch wenn er Karls Gesicht nicht sah, so konnte er doch an seiner angespannten Körperhaltung erkennen, dass der Klassensprecher gleich platzen

würde. Sicherlich wollte er dem Schulleiter unbedingt alles erzählen. Von dem geheimen Klassenzimmer und ihrem Abenteuer zwischen den grauen Betonwänden der Schule, von ihrem Ausflug in Schnittlichs Wohnung …

Und er, Maximilian Zack, Streichekönig und Klassenclown, würde rein gar nichts dagegen tun können! Verzweifelt knirschte Maxe mit den Zähnen. Er musste sich was einfallen lassen. Irgendetwas!

„Von Streichzapf, wo ist Ihre Lehrerin? Sie werden es mir doch sagen können! Sie sind schließlich der Klassensprecher!“ Direktor Schnittlich schritt durch den Mittelgang auf Karl zu.

Der Klassensprecher antwortete nicht.

Natürlich nicht – schließlich konnte er sich an nichts erinnern! Er hatte die ganze Mathestunde verschlafen und wusste daher auch nicht, dass Frau Penne die beschlagnahmten Süßigkeiten in Traufes Büro bringen wollte. Wo alle beschlagnahmten Süßigkeiten der Schule lagerten.

Stirnrunzelnd sah Maxe auf die Uhr. Komisch, dass sie dafür so lange brauchte. Frau Penne war

bestimmt schon zwanzig Minuten weg. Dabei war das Büro nicht weit entfernt, es lag direkt neben dem Haupteingang.
„Von Streichzapf, antworten!“, verlangte Schnittlich gereizt.
Karls Schultern bebten, aber kein Wort kam ihm über die Lippen.
Der Direktor ballte die Fäuste. „Wollen Sie mich etwa ärgern, Herr von Streichzapf? Antworten Sie! Sofort!“
Vor Schreck hüpfte Karl ein wenig auf seinem Stuhl in die Höhe.
Schnittlich erfasste den Raum, die ausgeleerten Schultaschen und die verbotenen Gegenstände auf den Tischen. Der Schulleiter, der normalerweise weder rot noch weiß war, wurde mit einem Mal knallerbsengrün vor Zorn. „Sie sind der Klassensprecher, Herr von Streichzapf! In Abwesenheit des Lehrkörpers sind Sie dafür zuständig, dass Zucht und Ordnung in der Klasse herrscht! Ich mache Sie persönlich für diese Sauerei hier verantwortlich!“ Schnittlich streckte einen zittrigen Zeigefinger in die Luft. Seine

Perücke, ohne die er – wie die Kinder seit ihrem heimlichen Besuch in Schnittlichs Wohnung wussten – ziemlich lustig aussah, war verrutscht und hing ihm schief über dem linken Ohr. Mühsam unterdrückte Maxe ein Kichern.
Doch Karl war alles andere als zum Lachen zumute. Er atmete so laut ein und aus, dass es im ganzen Klassenzimmer zu hören war. Gespannt rutschte Maxe auf seiner Stuhlkante nach vorne und auch Frieda beugte sich vor. „Herr Direktor", presste Karl schließlich zwischen den Zähnen hervor, „ich weiß es nicht!"
Schnittlich musterte den Klassensprecher einen Moment lang durchdringend, bevor er sich abrupt abwandte und in Richtung Tafel marschierte. „Na schön, Sie haben es nicht anders gewollt. Dann werde ich eben den *Unterricht* übernehmen, bis Ihre Lehrerin zurückkommt!"
Erschrocken wechselten Maxe und Frieda einen Blick. Schnittlich würde sie unterrichten? Ging das denn überhaupt? Durften Schulleiter Lehrer sein?!
„Mir gefällt es nicht, wie er das Wort Unterricht betont hat …", flüsterte Frieda kaum hörbar.

Der Direktor stoppte neben dem Lehrerpult, drehte sich um und ließ seinen Blick durch die Klasse schweifen.

„Ein Stickerheft, zwei Comics, eine ranzige Banane …“ Während er sprach, wurde seine Stimme immer lauter. Maxe rutschte unruhig auf seinem Stuhl umher. Selbst Frieda begann, nervös an ihren langen braunen Haaren zu zupfen. „Rosarote Bunt-stifte und ein Ted-dy-bär!“ Nun schrie er fast. „Das sind alles verbotene Gegenstände!“ Der Direktor zog einen Kugelschreiber aus der Innentasche seines Anzugs. „Klassenbucheintrag für …“ In diesem Moment ertönte vom Gang ein träges Läuten. *Ding! Dang! Dong!* Eine Schrecksekunde lang fürchteten die Kinder eine weitere Durchsage. Als nichts geschah, sprangen die ersten erleichtert auf die Füße.

„Paussse!“, rief Pascal und war bereits auf halbem Weg zur Tür, als Schnittlich ihm den Weg verstellte.

„Die Pause wird gestrichen“, erklärte der Direktor. Einige Kinder schnappten nach Luft. Auch Frieda keuchte.

Nein, nein, nein, das konnte doch alles nicht wahr sein! Jedes Mal, wenn Maxe dachte, dass es endlich besser wurde an der Schnittlich-Schule, dann kam so etwas.
Fast sehnte er sich diesen verrückten Inspektor von der BfLb herbei!
Aber nur fast. Denn wo immer der Inspektor – Rasputin Rumpus – auftauchte, geschahen seltsame Dinge. Und Maxe war sich nie sicher, ob diese BfLb nun gut oder schlecht war. Schließlich wusste er noch nicht mal, was BfLb bedeutete. Nur dass es sich um eine Behörde handelte. Und Behörden waren selten eine gute Sache, so viel war klar.
Doch jetzt gerade, in diesem Moment, fehlte eindeutig jemand, der Direktor Schnittlich Einhalt gebot. Maxe konnte nur hoffen, dass die Penne endlich zurückkehrte.
„Der Erste, der mir die Lösung zu der Aufgabe an der Tafel verrät, darf in die Pause!“, sagte Schnittlich und grinste dabei hässlich.
Maxe runzelte die Stirn. Sollte er sich melden? Er musste dringend mal aufs Klo.

Da schossen Karls, Felix' und Elinores Arme bereits in die Luft. Doch Schnittlich schien sie nicht zu bemerken.

„Das ist bestimmt eine Falle!", flüsterte Frieda.

Als die Spannung im Raum förmlich zu spüren war, hielt es Felix nicht mehr aus und machte den entscheidenden Fehler: Er schnipste. „Ich weiß es, ich weiß es!", lachte er, in Gedanken bereits auf dem Pausenhof.

„Ha! Schnipsen ist strengstens verboten!", rief Schnittlich nun ebenfalls fröhlich und marschierte zurück zum Pult. „Klassenbucheintrag!" Eifrig kritzelte er ins Buch.

Felix' Lachen erstarb.

„Aber das ist total gemein …", platzte Frieda heraus.

Maxe stöhnte.

„Unerlaubtes Sprechen im Unterricht, Fräulein Geratwol? Klassenbucheintrag!", juchzte der Direktor.

Frieda presste die Lippen zusammen und Maxe ließ den Kopf auf den Tisch sinken.

„Herr Zack, Sie wissen wohl nicht, dass Schlafen

im Unterricht strengstens verboten ist?!" Die Laune des Direktors wurde immer besser. Maxes hingegen befand sich auf einer rasanten Talfahrt ohne Aussicht auf baldige Ankunft. „Das wäre der zweite Klassenbu–" Es klopfte an die Tür.
„Herein!", rief der Direktor unbekümmert und beugte sich wieder über das Klassenbuch.
Hoffnungsvoll hob Maxe den Kopf. „Na endlich, die Penne!", raunte er Frieda zu. „Ich dachte nicht, dass ich mich mal freuen würde, die zu –"
Er verstummte, als Hausmeister Traufe vorsichtig den Kopf zur Tür hereinschob. Ein zweiter Kopf lugte in Bodennähe hervor: Alfons, die Dogge. Lechzend schnüffelte er mit seiner eingedrückten Nase über den Plastikboden. Wie immer auf der Suche nach Spuren fehlerhaften Verhaltens, damit er den Übeltäter packen konnte.
Keine Penne! So ein Mist!
Traufe versuchte zu flüstern. „*Er* ist wieder da ..."
Was ihm aber nicht gelang. Seine kratzige Stimme war deutlich für alle im Raum zu hören.
Maxe schoss hoch. Kerzengerade saß er auf seinem Stuhl und starrte zur Tür. Also doch!!!

Auch in die übrigen Kinder kam Bewegung. Hoffnungsvoll versuchten sie, einen Blick in den Gang zu erhaschen.
Plötzlich zog Traufe ruckartig seinen Kopf zurück. „He, was machen Sie? Was fällt Ihnen ein?", bellte der Hausmeister draußen.
Im nächsten Moment flog die Zimmertür vollständig auf. Im Rahmen stand ein hochgewachsener Mann im beigen Mantel.
„Krasss!", lispelte Pascal. Seine Wangen leuchteten auf einmal genauso rot wie seine kurzen Haare.
„Abgefahren!" Maxes Hände wurden feucht. Verstohlen wischte er sie an seiner Jeans ab. Was passierte jetzt? Schlimmer konnte es ja eigentlich nicht werden. Oder doch?
„Mir ist zu Ohren gekommen, dass die Lehrerin dieser Klasse spurlos verschwunden ist!", verkündete der Inspektor, ohne lange zu fackeln.
„Davon weiß ich nichts ..." Schnittlichs Miene war zu Stein erstarrt. Seine vorherige gute Laune war mit einem Mal wie weggeblasen.
Der Inspektor wackelte mit dem erhobenen Zeigefinger. „Meine Behörde hat Informationen, die Sie

nicht haben! Wir wissen über alles Bescheid, was in dieser Schule vor sich geht. Meist sogar, bevor es vor sich geht …"
Die Kinder hingen dem Mann im Mantel förmlich an den Lippen.
„Wir haben Spuren gefunden, die ein Verschwinden der Lehrerin sehr wahrscheinlich machen", erklärte der Inspektor sachlich.
Schulleiter Schnittlich zog sein Einstecktuch aus dem Jackett und tupfte sich damit über die glänzende Stirn. „Soso, Spuren. Welche Art von –?" Mit einer schnellen Handbewegung beförderte der Inspektor einen klobigen grauen Frauenschuh unter dem Mantel hervor.
Maxe riss die Augen auf. Der Schulleiter wurde blass. Stimmengewirr erhob sich.
Der Schuh war ganz eindeutig von Frau Penne. Und er hatte merkwürdige rote Flecken!
„Dasss issst bessstimmt Blut", zischte Pascal und verschluckte sich dabei vor lauter Aufregung.
„So ein Quatsch", murmelte Frieda neben Maxe. Doch Maxes Herz raste. Die Flecken auf dem Schuh sahen tatsächlich aus wie Blut!

„Herr Schwazer!“, brüllte Herr Schnittlich, vollkommen aus dem Häuschen.
Niemand konnte den Schulleiter so schnell aus der Fassung bringen wie der Inspektor der BfLb.
„Klassenbuch –“
„Kinder, ab in die Pause!“, unterbrach Inspektor Rumpus den Schulleiter.
Schnittlichs Mund ging ein paarmal auf und zu – so, als wäre er ein Fisch auf dem Trockenen.
„Während sich die Kinder draußen ein wenig … ähm … amüsieren, werde ich mit Ihnen die Spuren …“ Rumpus Worte gingen in lautem Stühlerücken unter.
„Mist“, maulte Maxe. „Ich wollte hören, was er sagt!“ Langsam griff er nach seiner Jacke.
„Los, nichts wie weg hier, bevor wir uns noch eine Menge Ärger mit Schnittlich einhandeln.“ Frieda zog Maxe mit sich nach vorne.
Die restliche Klasse war bereits an der Tür. Drängelnd und schubsend versuchten alle, als Erste auf den Gang zu kommen. Mit einem letzten neugierigen Blick zum Inspektor verließen Maxe und Frieda das Klassenzimmer.

Mission: Die entführte Lehrerin 505.ZZZ.3/03

MONTAG, 26. JUNI

LBE:

1 Schüssel Makkaroni mit Käse
1 schwarze Wollmütze
1 Brechstange
1 Paar schwarze Jeans
1 zottelige Perücke
1 Pappnase mit Schnurrbart

18:45 UHR. MITTELHAUSEN. MOBILE KOMMANDOZENTRALE BFLB.

Nach dem Verschwinden des Lehrkörpers herrscht in der Klasse der Ausnahmezustand. Höchste Zeit, dass unser Geheimagent Zack auf den Plan tritt. Muss ihn nur noch mit seiner neuen Aufgabe vertraut machen. Hoffen wir mal, dass er sich nicht wieder in die Luft jagt! Wie immer hängt alles von ihm ab. Gut, dass ihm Spezialagentin Geratwol zur Seite steht …

MfG Insp. RR

Auf frischer Tat ertappt

Unruhig wälzte sich Maxe hin und her. Er konnte einfach nicht einschlafen. Was vielleicht daran lag, dass es ihm vor dem Aufwachen graute. Noch einen Tag mit Schnittlich würde er nicht überstehen. Doch von Frau Penne fehlte nach wie vor jede Spur. Auch der Besuch des Inspektors hatte diesmal keinerlei Wirkung gezeigt. Nach der Pause hatte Schnittlich einfach weitergemacht. So viele Klassenbucheinträge hatte es noch nie gegeben. Erst um kurz nach sechs waren Maxe und Frieda schließlich total fertig den Bergweg hochgeschlichen.

Maxe starrte an die Zimmerdecke. Ob der Penne wirklich was zugestoßen war? Der blutige Schuh musste nichts zu bedeuten haben. Vielleicht war sie nur aus der Schule geflohen und dabei gestolpert …

Im Bett gegenüber hörte er seinen kleinen Bruder Fabian gleichmäßig atmen. Der hatte es gut!

Aber warum hatte sie ihren Schuh dann nicht wieder angezogen? Weil jemand hinter ihr her war? Schnittlich vielleicht? Oder Traufe?

Irgendwie ergab das alles keinen Sinn …

Ob Frieda wohl schlafen konnte? Maxe warf die Decke zurück. Am besten, er sah mal nach!

Leise schlich er durchs Kinderzimmer hinüber zum Fenster, das zur Straße zeigte.

Er blinzelte nach draußen. Alles war ruhig. Kein Licht brannte, nur die funzeligen Straßenlaternen. Die Bäume und parkenden Autos warfen lange Schatten über den Fußweg. Gespenstisch wehten die Gerüstplanen um Friedas Haus gegenüber im Nachtwind. Irgendwo knurrte ein Tier.

Oh nee … das war ja sein Bauch! *Grrr!*

Da bei Direktor Schnittlich alle weiteren Pausen

ausgefallen waren, hatte Maxe nach dem Apfel vom Morgen kaum etwas gegessen. Vielleicht war ein Mitternachtssnack jetzt genau das Richtige. Sicher konnte er dann auch besser einschlafen.
Barfuß tapste er zur Tür. Auf dem Flur war alles still, nur über der Treppe nach unten brannte wie immer Licht. Vorsichtig schlich Maxe am Schlafzimmer seiner Eltern und dem seiner beiden großen Zwillingsbrüder, Marian und Julian, vorbei. Dann schwang er sich aufs Treppengeländer, um hinunter ins Erdgeschoss zu rutschen.
„Wohooo!“, freute sich Maxe und ruderte mit den Armen, um nicht den Halt zu verlieren. Unten angekommen, stolperte er noch ein paar Schritte weiter – bis zu einem großen Paket, das neben der Haustür stand. „Huch, das war knapp …“
Neugierig untersuchte er den braunen Karton, auf dem fett *Vorsicht Glas* aufgedruckt war. Für wen das wohl war? Mama? Papa?
Nie bekam er Post! „Uhaaaa!!!“ Maxe verzog das Gesicht. Es war für Herrn Müller, seinen Nachbarn, der kein bisschen Spaß verstand. Vor

allem nicht, wenn es um seine Zierbäume und Maxes Fußball ging …

Wahrscheinlich war das der Grund, weshalb seine Mama ständig Pakete für Herrn Müller annahm: um sich bei ihm einzuschleimen, falls Maxe mal wieder Mist baute.

Entschlossen drehte er dem Paket den Rücken zu und hüpfte weiter den Flur entlang.

Die letzten Meter zur Küche legte er schlitternd zurück.

Maxe liebte seine nächtliche Freiheit. Wenn alle schliefen, gehörte das Haus ihm ganz allein!

Leise pfeifend öffnete er den Kühlschrank und rumorte durch die Abteile. Schokosoße, Salzstangen, Gummibärchen und zum Schluss beförderte Maxe das Vanilleeis aus dem Gefrierfach. Dann marschierte er mit seiner Beute zur Küchentheke.

Rums!

Vor lauter Schreck ließ Maxe die Eiscreme fallen.

„Mist!“, fluchte er, als der Behälter unter die Theke rollte.

Rums!

Noch einmal polterte es irgendwo. Was war denn das für ein Geräusch? Er ließ die restlichen Zutaten auf die Arbeitsplatte gleiten und marschierte zurück in den Flur. Das fehlte ihm gerade noch – dass seine Eltern wegen des Lärms aufwachten und seine Nachtruhe störten!

Sein erster Verdacht fiel auf die Vorratskammer unter der Treppe. Das Einzige, was dort auf Vorrat lag, waren leere Pfandflaschen. Zeitweise stapelten sie sich bis unter die Decke. Hin und wieder konnte es also vorkommen, dass ein paar sich plötzlich lösten und umherpurzelten.

Eben wollte Maxe am Drehknopf der Tür rütteln, als er einen Schatten bemerkte. Direkt über ihm, auf dem Treppenabsatz im ersten Stock, schlich jemand den Flur entlang.

Maxe zuckte zurück. Der Schatten hatte eine lange Stange in der Hand! Seine Gedanken überschlugen sich. Also, wenn Papa nicht ausgerechnet heute mit seinem Eishockeyschläger zu Bett gegangen war, gab es nur eine Erklärung dafür: „Ein Einbrecher!“, schoss es Maxe durch den Kopf. Irritiert blickte er zur verschlossenen Haustür.

Die Stange war ein Brecheisen! Aber wie war der Kerl ins Haus gekommen? Und wo war Maxes Hund Makkaroni? Wieso schlug er nicht an? Normalerweise war der Familienlabrador immerhin so wachsam, dass er Gäste begrüßte. Egal ob gebetene oder ungebetene. Schließlich liebte sein Hundekumpel Besuch über alles! Sein Herz war so groß, dass selbst ein Einbrecher darin Platz finden würde. Die Stille im Hof war wirklich verdächtig ...

Inzwischen schlich der Schatten in Richtung der Schlafzimmer. Maxe erstarrte. Er musste etwas tun! Seine Familie warnen, seine Brüder retten ...

Bumm! Hinter ihm im Wohnzimmer knallte es laut. Gehetzt wirbelte Maxe herum. Gab es etwa zwei Einbrecher? Der Vorhang neben dem Sofa bewegte sich.

In dem Moment kam der Einbrecher im Obergeschoss auf die Treppe zugerannt. Maxe sah seinen Schatten näher kommen. Ihm blieb keine Zeit mehr. Er musste handeln und den Schurken stoppen!

Kurz entschlossen packte er den Griff der Vorrats-

VORSICHT GLAS!

kammer und zog. Sofort gab die Tür nach und es schepperte. Gleichzeitig stürmten schwere Schritte die Treppe hinunter.

Maxe hechtete ins Wohnzimmer und schloss leise die Glastür hinter sich, während ein riesiger Berg leerer Plastikflaschen in den Gang zwischen Haustür und Küche polterte.

Er hatte gerade noch Zeit, hinterm Sofa in Deckung zu gehen, bevor der Kerl mit vollem Karacho in den Flur voller Flaschen sprang.

„Ahhhh!“, schrie der Einbrecher laut, balancierte noch einen Augenblick auf einer Flasche, bevor er im nächsten Moment kopfüber in Herrn Müllers Paket krachte.

Es klirrte und schepperte. Glas zersprang. Karton riss. Der Einbrecher heulte auf, krabbelte rückwärts, rollte durch die Flaschen und versuchte, zurück auf die Beine zu kommen.

„Abgefahren!“, wisperte Maxe beeindruckt.

In dieser Sekunde gingen auf dem Flur im Obergeschoss sämtliche Lampen an.

„Echt abgefahren!“, sagte eine Stimme direkt neben ihm.

Maxe riss die Augen auf. „Ahhhhh!“, schrie er, doch dann erkannte er Frieda. Verwirrt starrte er auf sie hinunter. Mit ihrer orange getupften Katze auf dem Arm kauerte sie hinter dem Vorhang.

„Frieda? Knutschi?!“

„Miaaauuuu!“, begrüßte ihn die Katze.

„Hi!“, sagte Frieda. „Ich wollte dich vor dem Einbrecher warnen.“

Im Flur schepperte es noch immer und im Obergeschoss trampelte jemand der Treppe entgegen.

„Äh, nicht mehr nötig …“ Maxe und Frieda sahen zur Glastür. Endlich hatte der Mann es geschafft, sich aus dem Flaschenmeer zu befreien. Er hatte seine schwarze Mütze verloren und seine dunkle Bomberjacke war hochgerutscht.

Frieda sog die Luft ein. „Der kommt mir bekannt vor!“

Maxe erhaschte einen Blick auf einen buschigen Schnurrbart und eine große Hakennase. „Ich kenne diese Nase!“, stellte er fest. „Aber woher?“ Er beobachtete, wie der Mann die Haustür aufriss. Dabei löste sich ein dünner weißer Umschlag aus seiner Jackentasche und flatterte zu Boden. Der

Einbrecher schien nichts zu bemerken, denn er polterte mitsamt den Flaschen lautstark die Stufen zum Hof hinunter. Das machte so einen Höllenlärm, dass sicher ganz Mittelhausen aus dem Schlaf geschreckt war!

Und noch war das Spektakel nicht zu Ende. Denn nun stand Papa Zack – tatsächlich mit Eishockeyschläger bewaffnet – im Hausflur. „Was ist hier los?“, brüllte er zur offenen Tür hinaus. Dabei trat er auf eine umherrollende Plastikflasche und segelte durch die Luft.

Klirr!! Auch Papa Zack landete auf Herrn Müllers Paket.

Maxe zuckte zusammen. „Auwei, das wird Stunk geben …“

Von draußen erklang Makkaronis aufgeregtes Bellen. Offenbar war Maxes Hundekumpel endlich wach. Im Obergeschoss waren jetzt mehrere Stimmen zu hören.

„Papiiii!“, heulte Fabi.

„Markus?“, rief Mama Zack verwirrt. „Was machst du denn da?“

„Einbrecher, Einbrecher!“, schrien die Zwillinge

durcheinander. Aufgedreht rasten sie die Treppe hoch und runter, wobei sie sich gegenseitig immer wieder aus dem Weg schubsten.

Maxe und Frieda gingen hinter dem Sofa in Deckung. Von dort verfolgten sie, wie sich Papa Zack aus Müllers Paket schälte, um dann hinaus in den Hof zu stolpern.

„Solltest du nicht auch da draußen aufkreuzen?", zischte Frieda ihm zu.

„Mist, ja, du hast recht." Maxe verzog das Gesicht. „Aber wenn sie mich hier unten finden, krieg ich wieder Ärger!"

Wenn es um die Schlafenszeit ging, verstand seine Mutter keinen Spaß.

Gerade kam sie zusammen mit Fabian, Julian und Marian die Treppe herunter. Sofort schnappten sich die Zwillinge ein paar Flaschen und begannen, sich damit zu hauen.

„Jungs, Schluss, das ist nicht lustig!", wies Mama Zack sie zurecht und schnürte ihren Bademantel enger. Energisch trat sie vor die Tür – gerade als im Nachbarhaus bei Müllers das Licht anging.

„Oh noooo …", wisperte Frieda.

Aber Maxe hörte überhaupt nicht zu. Schnell sprang er auf und lief zur Glastür. „Komm schon, das ist unsere Chance!“, zischte er. Geduckt schlich er durch den Flur und auf den weißen Briefumschlag zu. Was das wohl war? Ein Umschlag mit geklautem Geld? Oder eine persönliche Nachricht vom Einbrecher?

Doch dann strahlte ihm der bekannte Briefkopf der BfLb entgegen. Halloooooo?! Wie kam der Typ zu diesem Umschlag? Vor Schreck hätte Maxe seinen Fund fast liegen gelassen und das Weite gesucht. Am Ende war das wieder so ein Auftrag! Eine dieser unmöglichen Missionen, die ihn in Schwierigkeiten brachten und – zugegebenermaßen – ein ziemliches Abenteuer waren …

„Worauf wartest du?“, keuchte Frieda und spähte unruhig nach draußen, wo Maxes Familie durch den Hof tobte.

„Ach, was soll's!“ Er griff nach dem Brief.

Kaum waren sie auf dem Treppenabsatz, dröhnte Herrn Müllers Stimme aus einem der Fenster nebenan. „Maaaaxxxxeeee!“

Die Freunde zogen die Köpfe ein.

„Okay, am besten, du versteckst dich in meinem Zimmer, bis meine Eltern das geklärt haben!“, schlug Maxe vor. Er hielt Frieda den Brief vor die Nase. „Nimm den mit.“ Sie nickte, schnappte sich den Umschlag und rannte damit nach oben.
Gerade war sie außer Sicht, als seine Mutter wieder ins Haus kam. „Maxe?“
Er wirbelte herum und gähnte ausgiebig. „Was ist denn hier los, Mama?“, fragte er unschuldig.
Mama Zack lächelte erleichtert. „Ah gut, mein Schatz, ich dachte schon, der Einbrecher hätte dich entführt!“ Dann legte sie die Stirn in Falten und musterte Maxe von Kopf bis Fuß. „Wo kommst du her?“, fragte sie nun misstrauisch.
„Maaaaxxxeee!“, rief Herr Müller schon wieder.
„Ich war's nicht!“ Maxe riss die Arme hoch und deutete mit dem Finger auf das zerstörte Paket. „Ich lag in meinem Bett und habe geschlafen!“
Streng genommen war er natürlich schuld daran, dass Müllers Paket kaputt war – aber aus reinem Selbstschutz! Doch er bezweifelte, dass Herr Müller ihm die Geschichte mit dem Einbrecher und den Flaschen abkaufen würde.

Mama entspannte sich ein wenig. „Na schön, dann geh mal lieber wieder ins Bett! Besser, wenn Herr Müller dich nicht zusammen mit dem … ähhh … Paket hier sieht."

Maxe konnte sein Glück kaum fassen! In Windeseile raste er die Treppe hinauf und zurück in sein Kinderzimmer.

Mission: Die entführte Lehrerin 505.ZZZ.3/04

DIENSTAG, 27. JUNI

LBE:

12 Pflaster mit Mickymaus-Bildern
1 Pinzette

00:45 UHR. MITTELHAUSEN. BERGWEG.

Ach du liebe Zeit! Das war ja was. Fast wäre ich doch tatsächlich aufgeflogen und alles nur wegen des doofen Pakets! Na gut, und der Flaschen. Jetzt muss ich erst mal die Scherben aus meinen Knien operieren. Aua! An der Auftragsübergabe muss ich wirklich noch arbeiten, das ist doch jedes Mal ein wenig aufregend. Na ja, immerhin war der Hund brav. Scheint, als hätten ihm meine Käsenudeln geschmeckt. Auf jeden Fall war er einige Zeit damit beschäftigt.

MfG Insp. RR

Ein Auftrag kommt selten allein

„Frieda?“ Maxe schob sich in sein Zimmer und schloss die Tür. „Schnell, schnell! Wir müssen den Brief lesen, bevor mein Bruder zurückkommt!“, wisperte er ins Halbdunkel des Raums. Fabi hatte seine Nachttischlampe brennen lassen. Maxes Bettdecke wurde zurückgeschlagen. „In deinem Bett stinkt's nach Hund!“, verkündete Frieda mit gerümpfter Nase und sprang heraus. Auch Maxe verzog das Gesicht. „Jetzt stinkt's sicher nach Katze!“ Wie zur Bestätigung trippelte Knutschkugel ein paarmal im Kreis und ließ sich dann schnurrend auf seinem Kopfkissen nieder.

„Hallo!“ Frieda wedelte mit dem weißen Umschlag vor seiner Nase herum. „Wir müssen uns beeilen …“

Maxe schnappte sich den Brief und riss ihn mit einem Ratsch auf.

„Vorsicht!“, rief Frieda und Maxe erstarrte.

„Oh, no!“ Das hatte er vollkommen vergessen. Wenn es wieder so ein Auftrag der BfLb war, konnte das Ding jeden Augenblick explodieren! Er wagte nicht, sich zu bewegen.

Doch alles blieb ruhig.

Oder hatte die Nachricht diesmal keinen Selbstzerstörungsmechanismus, anders als sein letzter Auftrag¿!

Seine Freundin trat einen Schritt zurück und beäugte den Umschlag argwöhnisch. Maxe hielt die Luft an.

Nichts passierte. Der Brief lag still in seinen Händen.

„Puhhh …“ Erleichtert ließ er den Umschlag zu Boden flattern, bevor er das einfache dünne Papier entfaltete.

„Glück gehabt!“ Gespannt blickte ihm Frieda über

die Schulter. „Los, sag schon, was ist es? Wieder einer dieser verrückten Aufträge?“
Hastig strich er die Seite glatt und legte sie auf seinen Schreibtisch. Irgendwie fühlte sich das Papier komisch an in seinen Händen. Fast ein wenig schmierig.
„Oh, nein!“ Diesmal war es Frieda, die entsetzt keuchte. „Das darf nicht wahr sein … das kann nicht wahr sein …“
Auch Maxes Augen weiteten sich beim Lesen. Nacktes Grauen packte ihn.

Sehr geehrter Herr Maximilian Zack,
sehr geehrtes Fräulein Frieda Geratwol,

wir haben mal wieder eine gute und eine schlechte Nachricht für Sie.

Die gute zuerst (weil die schlechte wirklich sehr schlecht ist): Wie Sie sicher schon bemerkt haben, sind Sie Ihre Lehrerin Frau Penne los! Die schlechte Nachricht: Stattdessen wird Sie fortan

Ihr Schulleiter, Herr Horst Schnittlich, unterrichten.

Wenn Sie sich und Ihre Mitschüler vor diesem grauenvollen Schicksal bewahren wollen, bleibt Ihnen keine Wahl: Sie müssen mit der Behörde kooperieren und unsere Ermittlungen bzgl. der Person A.-M. Penne unterstützen.

Um der Behörde und Ihrer Schule von Nutzen zu sein, wird Ihnen die folgende extrem gefährliche und streng geheime Aufgabe anvertraut: Begeben Sie sich morgen Punkt sieben Uhr auf die Suche und finden Sie den Lehrkörper s.f.w.m. Bevor jede Rettung zu spät kommt!

Wir zählen auf Sie! Versagen ist keine Option.

„Das klingt ja furchtbar!“, jammerte Frieda. „Die arme Penne! Was kann ihr bloß zugestoßen sein?“
Maxe hob den Kopf. „Sie wurde entführt, was denn sonst?“ Er war sich nicht sicher, ob er tatsächlich Mitleid empfinden sollte … Er und die Penne … das war … kompliziert!
Aber der Inspektor hatte recht: Unterricht bei Schnittlich war tatsächlich eine sehr schlechte Nachricht!
Seine Freundin nickte bedächtig. „Ja, hört sich ganz danach an. Aber wie sollen denn ausgerechnet wir sie finden? Ist das nicht Sache der Polizei?“
„Ich glaube nicht, dass Schnittlich besonders scharf drauf ist, dass Polizisten in der Schule herumschnüffeln … nach der ganzen Sache mit dem geheimen Klassenzimmer.“ Maxe seufzte. „Bestimmt wird er alles abstreiten.“
Plötzlich war Frieda ganz aufgeregt. „Was ist, wenn die Penne in einem der Gänge festgehalten wird? Oder sogar im geheimen Klassenzimmer selbst?“
„Hm, aber außer uns, dem Inspektor und Schnittlich weiß doch niemand davon.“

„Auch wieder wahr." Frieda blies sich die Haare aus dem Gesicht. Aufmerksam lasen sie noch einmal den Auftrag.

„S.f.w.m.?", fragte Maxe nachdenklich. „Was heißt denn das?"

„Klingt auf jeden Fall ernst."

„M steht sicher für Maxe", überlegte er besorgt. „*Sonst feuern wir Maxe* … oder *sonst fliegt wer, Maxe?*"

„Neee … M steht sicher für *mortem* … das ist lateinisch für Tod!", wusste Frieda.

Bedrückt schwiegen die beiden.

„Aber schau mal lieber hier. Was sollen wir denn mit dem Zeug?" Frieda deutete auf das Briefende.

Was Sie dafür benötigen:

1 feine Spürnase

1 aufblasbares Gummiboot

Bitte beachten Sie: Dieser Auftrag gilt einzig und allein Ihnen.

Viel Erfolg!

Mit freundlichen Grüßen

Insp. Rasputin Rumpus

Außendienst & Spionage BfLb
Auf große Fahrt 1
007000 Geheimratshausen

PS: Die Nach

Eine Weile starrten die Kinder schweigend auf den Brief. Die unterste Zeile war kaum noch lesbar.
„Was steht denn da am Schluss?", fragte Maxe.
„Und was ist mit dem Papier los, sieht aus, als wäre es nass geworden …"
Frieda zuckte die Schultern. „Keine Ahnung, ich kann nur noch irgendwas mit *PS:* entziffern."
„Dann kann's ja nicht so wichtig sein", meinte Maxe erleichtert.
„Ich weiß nicht, vielleicht ja doch …"
Draußen hörten sie Makkaroni bellen. Sicher war mittlerweile die gesamte Nachbarschaft wach.

„Na klar!“ Lachend schlug er sich gegen die Stirn. „Eine Spürnase! Damit ist natürlich Makkaroni gemeint. Er hat die beste Spürnase der Welt!“

„Wieso?“ Frieda verschränkte entrüstet die Arme über ihrem Schlafanzugoberteil mit der Aufschrift *Vorsicht bissig!*.

Manchmal fand Maxe ihre T-Shirts wirklich zum Fürchten. Jetzt zum Beispiel, so kampflustig, wie Frieda ihn anfunkelte.

„Damit könnte genauso gut Knutschi gemeint sein!“ Beleidigt nahm sie ihre schlafende Katze auf den Arm. Während Knutschkugel sich streckte und ausgiebig gähnte, erklärte Frieda weiter: „Makkaroni erschnüffelt doch höchstens Makkaroni. So verfressen, wie der ist!“

Maxe schnaubte. „Das sagt genau die Richtige …“ Sein Blick ruhte bedeutungsvoll auf Knutschis riesigem rundem Bäuchlein. Knutschi war mit Abstand die größte und dickste Katze, die Maxe je gesehen hatte.

„Sie hat nur so viel Fell …“, fauchte Frieda in das mit einem Mal stille Kinderzimmer. Maxes Hundekumpel hatte aufgehört zu bellen. Inzwischen war unten auch nur noch Gemurmel zu hören. Herr Müller schien sich zurück ins Bett verzogen zu haben.

Angespannt kaute Maxe auf seiner Lippe herum. „Vielleicht benötigen wir nicht eine, sondern zwei Spürnasen? Sicher ist sicher."

Friedas Miene hellte sich auf. „Ja, ganz bestimmt!"

In dem Moment hörten sie ein leises Geräusch.

Puff!

Beide Kinder zuckten zusammen. „Was war das?", fragte Frieda.

„Wo ist er hin?“, rief Maxe verblüfft. Sein Blick glitt ungläubig über den Schreibtisch.
Doch der Brief war nicht mehr da!
„Abgefahren!“ Maxe schüttelte den Kopf.
„Hä?“, wunderte sich auch Frieda.
Gemeinsam beugten sie sich über den Schreibtisch. Dort, wo eben noch der Brief gelegen hatte, waren nur winzig kleine Papierfetzen zurückgeblieben.
„Muss irgendeine chemische Reaktion sein“, überlegte Frieda gerade, als es auf der Treppe laut wurde.
„Zurück ins Bett, Jungs! Aber flott!“, tönte die Stimme von Maxes Mutter zu ihnen herauf. Der Boden wackelte, als seine Brüder nach oben polterten.
Mit großen Augen sahen sich die zwei an.
„Mist!“, hauchte Frieda. Ihr Fluchtweg war abgeschnitten!
Blitzartig sprang Maxe zum Fenster und riss es auf. Im Vorgarten stand eine große Eiche. „Los, du musst nur rüber auf den Baum klettern. Von dort kannst du dich über die Straßenlaterne auf den

Gehweg abseilen. Das habe ich neulich auch gemacht!“

Frieda nickte knapp, beförderte Knutschi auf ihre Schulter und schob sich hinaus auf die Fensterbank. „Punkt sieben Uhr vor der Schule!“, war das Letzte, was Maxe von ihr hörte, bevor er das Fenster zuschlug und ins Bett hechtete.

Mission: Die entführte Lehrerin 505.ZZZ.3/05

DIENSTAG, 27. JUNI

LBE:

1 extragroßer Knochen
1 Tarnmantel in Metallgrau

6:55 UHR. MITTELHAUSEN. SCHNITTLICH-SCHULE.

Habe Indizien und Schrank platziert. Dogge mag Knochen, auch wenn es nicht Kind, sondern nur Rind ist. Hihi! Nun warte ich in der Besenkammer auf die Agenten Zack und Geratwol. Hoffe, sie sind pünktlich! Tanze gerade auf mehreren Hochzeiten gleichzeitig, habe es eilig …

MfG Insp. RR

Wie Hund und Katze

Eine unheimliche Stille lag über dem Pausenhof und dem Gebäude der Schnittlich-Schule. Im Hintergrund spannte sich der Morgenhimmel wolkenverhangen und stahlgrau über die Dächer des kleinen Städtchens Mittelhausen.

Maxe stand neben dem Stacheldrahtzaun der Schule und wartete. Neben ihm lag Makkaroni, Kopf auf der Pfote, und blinzelte verschlafen ins trübe Morgenlicht.

„Die soll mal jemand verstehen!“, sagte er zu seinem Hundekumpel.

Als Maxe um Viertel vor sieben aus der Haustür

geschlichen war, hatte er Frieda nicht gesehen. Also war er schließlich alleine mit Makkaroni zur Schule marschiert. „Sie hat ja gesagt, wir treffen uns vor der Schule.“ Maxe beugte sich zu seinem Hund herunter und kraulte ihm die Ohren. „Aber in der Eile dachte ich, sie hätte sich nur versprochen“, erklärte er. „Komisch, dass sie immer noch nicht …“

„Huhu, Maxe! Ich bin schon da! Ich eile, ich …“ Keuchend kam Frieda ihm entgegengelaufen. Knutschkugel trug sie auf dem Arm.

„Wo warst du denn?“, wunderte sich Maxe. Fast hatte er schon befürchtet, der unbekannte Entführer hätte auch seine beste Freundin verschleppt.

„Ich war beim Haus der Penne, in der Rosenstraße …“ Frieda blieb stehen und musterte Makkaroni. „Warum hast du ihn denn mitgebracht? Wir hatten uns doch darauf geeinigt, dass Knutschi die Spürnase ist!“

Hatte er gerade *beste Freundin* gedacht? Nein, Frieda war alles, nur nicht seine beste Freundin! Maxe verdrehte die Augen. „Äh, also wenn wir uns irgendwie geeinigt haben, dann nur darauf, dass wir uns nicht einig sind", grinste er. „Egal, wir werden ja sehen, wer den ersten Hinweis findet."

Eine Sekunde lang kniff Frieda streitlustig die Augen zusammen, dann zuckte sie die Schultern. „Na schön, aber es sieht schlecht aus. Penne ist auch nicht zu Hause." Versöhnlich kraulte sie Makkaroni die Ohren. Knutschi begrüßte ihren Hundefreund mit einem freudigen Schnurren.

„Und woher willst du das wissen?", fragte Maxe.

„Na ja, ihr rosarotes Fahrrad war nicht da …"

„Das steht ja auch hier im Fahrradständer", warf Maxe ein.

„… und es hat niemand aufgemacht, obwohl ich Sturm geklingelt habe", berichtete Frieda mit hängendem Kopf. „Also los, lass uns die Schule absuchen, bevor der Unterricht anfängt."

Maxe blies die Backen auf. „Bleibt nur ein Problem …"

„Alfons." Frieda seufzte. „Wir müssen uns irgendwie an Traufes Büro vorbeischleichen, ohne dass die dicke, sabbernde Dogge etwas davon mitbekommt."

Auf leisen Sohlen tapsten die Kinder und ihre beiden Spürnasen die Treppe zum Haupteingang hinauf. Kein Geräusch drang zu ihnen heraus. Die wenigen Sitzbänke und die verbeulten Fahrradständer lagen – abgesehen von einem einsamen Damenrad – vollkommen verlassen da. Niemand kam früher als unbedingt nötig zur Schnittlich-Schule, nicht einmal die Lehrer.
Maxe schob die schwere Holztür auf und spähte in die Eingangshalle. Traufes Büro befand sich direkt gegenüber. Die Tür war offen, Alfons weg.
Wie immer, wenn er an Traufes Büro vorbeikam, hatte Maxe ein mulmiges Gefühl im Bauch. Doch Frieda schritt mutig drauflos.
In dem Moment zerriss ein lautes Bellen die Stille der Eingangshalle. Frieda erstarrte.
„Makkaroni, jetzt wird nicht gespielt!“, zischte Maxe so leise wie möglich seinem Hund zu.
Erleichtert lachte Frieda auf. Zum Glück war es nicht Alfons gewesen …
Der Labrador bellte noch einmal. Schwanzwedelnd machte er sich sprungbereit – seine Freundin Knutschi im Blick.

„Makkaroni, untersteh dich!“, warnte Maxe. Doch der dachte überhaupt nicht daran! Begeistert stürzte er sich auf Frieda und warf sie samt Knutschi zu Boden.

Ruuums!, dröhnte es durch die Halle. Maxe schloss die Augen. Mist! So hatte er sich das nicht vorgestellt. Eilig versuchte er, Frieda vor Makkaroni zu retten.

„Hihihi!“, kicherte sie und wich Makkaronis schlabbernder Zunge aus.

Plötzlich klemmte sein Hund winselnd den Schwanz ein und raste zurück zur Eingangstür.

Grrrrr!, tönte es aus Traufes Büro.

Den Kindern lief es eiskalt den Rücken hinunter. „Er ist doch da!“, stöhnte Maxe.

„Oh nooooo, Alfons!“, japste Frieda, sprang auf und sah sich panisch nach ihrer Katze um.

Grrrrr!, knurrte die Dogge noch einmal.

Todesmutig hechtete Maxe der Tür entgegen. „Ich sperre ihn ein!“

Er erhaschte einen Blick ins Büro und sah, wie sich Alfons durch einen Berg Schokoladenriegel auf ihn zuwälzte. Sogar den großen Knochen, der dazwischen parkte, ließ die Dogge links liegen.

„Oh nein, oh nein, oh …“ Maxe würde es nicht schaffen!

„Renn!“, brüllte er Frieda noch zu, dann machte er auf dem Absatz kehrt und raste davon. Alfons klebte an seinen Fersen.

Seine Freundin hatte sich mit Knutschi und Makkaroni bereits durch die nächste offene Tür gerettet –

in ein schmales Kabuff, das als Besenkammer und Abstellraum diente. Es grenzte an Traufes Büro.
„Maxe! Hierher!“, brüllte sie ihm entgegen.
In letzter Sekunde drückte sich Maxe vom Boden ab, riss die Beine in die Luft und flog durch die Tür. Frieda schlug sie hinter ihm zu.
Buff! Das musste Alfons gewesen sein, der draußen gegen die Tür gedonnert war.
In der Kammer roch es muffig nach Staub und alten Putzlappen. In einer Ecke raschelte es verdächtig. Wahrscheinlich eine Maus.
„Auuutschi!“ Es war so dunkel, dass Maxe den Metallkasten vor sich nicht gesehen hatte. „Das hat gesessen!“
„Alles klar?“, fragte Frieda.
Im nächsten Moment schleckte Maxe eine riesige nasse Zunge über die Stirn. „Äh, ja, danke, mir geht's gut“, nuschelte er. „Aus! Makkaroni, bähhh, igitt!“ Maxe versuchte, seinen Hund von sich zu schieben und aufzustehen. „Gibt's hier auch Licht?“ Mit den Händen tastete er an dem Metallschrank entlang.
Frieda rumorte durch den Raum, bis sie endlich

den Lichtschalter fand. Eine grelle Leuchtröhre an der Decke erwachte zischend zum Leben und tauchte den Raum in unnatürlich weißes Licht. Maxe blinzelte. Knutschi und Makkaroni lieferten sich gerade eine Schlacht um einen Wischmopp. Draußen kratzte Alfons wie verrückt an der Tür.
„Maxe!“, rief Frieda plötzlich aufgeregt. „Schau doch mal, was hier steht!“ Ihr helles Lachen übertönte die lärmenden Tiere.
Er drehte sich um und strahlte. „Der Aktenschrank! Wir sind auf der richtigen Spur!“ Doch Moment – Maxe wunderte sich. „Wieso hat er nicht geklingelt, als ich dagegengestoßen bin? Und wieso hat sich keines seiner unzähligen Schubfächer geöffnet?“
„Ach du Schreck!“ Frieda deutete über die Schulter. Nun erst nahm Maxe den Rest des kleinen engen Raums wahr. „Puh!“, stöhnte er.
Die komplette Kammer war zugestellt mit Aktenschränken! Alle mit Schildchen. Alle aus Metall. Alle gleich.
„Mist!“, entfuhr es ihm. „Das ist überhaupt nicht unser Aktenschrank! Die sind alle von der Schule!“

Frieda schüttelte bestimmt den Kopf. „Nein, das glaube ich nicht. Schließlich taucht dieser komische Kasten der BfLb immer dann auf, wenn wir in der Patsche sitzen. So wie jetzt gerade."
Maxe blies die Backen auf – sie hatte natürlich recht. Der geheimnisvolle Aktenschrank, dessen Fächer immer etwas Nützliches enthielten, hatte ihnen in letzter Zeit schon ein paarmal die Haut gerettet.
„Aber welcher ist es denn dann?" Maxe warf verwirrt die Hände in die Luft. „Es könnte jeder sein."
Stille folgte. Offenbar hatte Alfons es aufgegeben, die Tür mit seinen Krallen zu zerlegen.
Nachdenklich drehte sich Frieda im Kreis. „Wie wäre es, wenn wir die Schränke alle abklopfen?", schlug sie vor und hämmerte mit dem Fingerknöchel gegen den Aktenschrank neben ihr.
„Gute Idee!" Maxes Gesicht hellte sich auf. Sofort trommelte er auf sämtlichen Schränke in Reichweite herum.
Inzwischen hatte Makkaroni sich den Wischmopp erkämpft und schüttelte ihn wie wild im Maul.

Beleidigt drehte ihm Knutschi den Rücken zu, bevor sie mit hocherhobenem Kopf auf einen der Metallkästen am Ende des schmalen Raumes zustolzierte. Trotz ihres beträchtlichen Gewichts sprang sie leichtfüßig auf den Schrank.
Im nächsten Moment ertönte das bekannte Geräusch unter Knutschis Pfoten.
Kling!
Überrascht fuhren Maxe und Frieda herum.
„Ha, wusste ich's doch! Knutschi ist die Spürnase! Sie hat den richtigen Aktenschrank erschnüffelt", rief Frieda begeistert und lief zu ihrer Katze.
Knutschi ließ sich auf der Kante nieder und schlug die Vorderpfoten übereinander.
Maxe schnaubte. „Das war doch nur Glück!" Grinsend baute er sich vor Knutschi auf. „Wenn du uns jetzt noch sagst, welches Fach das richtige ist, werde ich nie wieder etwas über deinen dicken Bauch sagen!"
Frieda schob sich an Maxe vorbei und griff nach oben zu dem Fach, das sich direkt unter Knutschis Pfoten befand. Darauf waren die Ziffern LBE0099 zu lesen. Sie reckte und streckte sich, bis sie an die

schmale Griffmulde kam. Wieder klingelte es. Doch das Fach blieb zu.

„Mannomann“, keuchte Frieda, „warum sind diese Fächer immer so störrisch?“

Maxe zog an einer anderen Schublade. „Nur, weil Knutschi da sitzt, heißt das noch lange nicht …“

In dem Augenblick gähnte die Katze gelangweilt und fuhr mit der Pfote spielerisch über das Fach LBE0099.

Plopp! Der Aktenschrank sprang auf.

Mission: Die entführte Lehrerin 505.ZZZ.3/06

DIENSTAG, 27. JUNI

LBE:

7 große Aktenschränke
12 Frühstücksbrötchen

7:45 UHR. MITTELHAUSEN. SCHNITTLICH-SCHULE.

Wunderbar, meine zwei Superagenten haben die Schränke gefunden. Habe es diesmal ein wenig schwieriger gemacht, damit es nicht zu langweilig wird! Schließlich muss die Langeweile aufs Härteste bekämpft werden! Jetzt gehe ich erst einmal auf den Markt. Die nächste Teilprüfung sollte hoffentlich einfach sein. Und schmackhaft!

MfG Insp. RR

Der Wahnsinn in Dosen

Frieda konnte gerade noch zurückspringen, als ihr die Schublade mit voller Wucht entgegenflog.
Ungläubig starrte Maxe nach oben. Die Katze hatte tatsächlich das richtige Fach gefunden!
„Haha!“, lachte Frieda triumphierend und zog sich an der Schublade hoch.
„Was ist drin? Los, sag schon!“ Maxe trippelte von einem Fuß auf den anderen.
Angestrengt hing Frieda über der Schublade. Zentimeter für Zentimeter tastete sie sich nach vorne, bis sie endlich etwas zu fassen bekam. „Ich

hab's!", rief sie und ließ sich auf den Boden neben den Schrank fallen. In der Hand hielt sie eine glänzende Dose.
„Aha!" Maxe ging neben Frieda in die Hocke. „Vielleicht wieder dieser Glibber?", fragte er hoffnungsvoll. Dank der glibberigen Aktenschrank-Gabe von letzter Woche hatten Maxe und Frieda es geschafft, Herrn Traufe und Direktor Schnittlich im wahrsten Sinne des Wortes zu Fall zu bringen!
Frieda schüttelte die Dose ein wenig. Es rauschte. „Nein, das hört sich eher an wie Sand oder so was …"
„Lass mich auch mal!", drängte Maxe und Frieda gab ihm das Gefäß. Vorsichtig schraubte er am Deckel.
„Pass bloß auf …", mahnte Frieda. Das letzte Mal waren sie beide am Glibber hängen geblieben. Doch zum Vorschein kam ein harmlos wirkendes weißes Pulver.
Frieda rümpfte die Nase und schnüffelte. „Riecht nach nix."
„Vielleicht müssen wir es probieren …" Schon

wollte Maxe den Finger hineinstecken, doch Frieda zog ihn zurück. „Untersteh dich!", zischte sie. „Wer weiß, was das ist …?"

Draußen im Flur ertönte die Schulglocke.

Maxe sprang auf. Jetzt mussten sie sich wirklich beeilen! In fünf Minuten ging der Unterricht los und Schnittlich würde im Klassenzimmer aufkreuzen.

Vorsichtig drückte Maxe die Klinke hinunter und spähte nach draußen. Wie nicht anders zu erwarten, schoben sich mittlerweile die Schüler der Schnittlich-Schule verschlafen durch die Halle. Alfons lag wieder auf der Schwelle zum Hausmeisterbüro und beobachtete lauernd das Geschehen. Zwischen seinen Pfoten klemmte ein großer Knochen.

Todesmutig trat Maxe auf den Gang. In der Hand hielt er die geöffnete Dose.
Gerade wollte er Frieda ein Zeichen geben, als die Dogge schnüffelnd die Nase hob. Maxe erstarrte in der Bewegung.
„Oh nein …“, stöhnte Frieda noch, als Alfons schon aufsprang und im Schweinsgalopp auf sie zurannte.
Maxe brach der kalte Schweiß aus. Er machte einen Schritt rückwärts, schwankte und kippte vor lauter Schreck die Dose halb aus.
Mist! Mist und Doppelmist!
Die fette Bulldogge geriet ins Schlingern, stolperte durch den weißen Staub und landete auf ihrer platten Nase direkt vor Maxes Füßen.

Der war wie erstarrt.
Plötzlich wälzte sich Alfons hektisch über den Boden. Mit den Pfoten versuchte er, das Pulver loszuwerden, was zur Folge hatte, dass es sich nur noch mehr in seinem Kurzhaarfell verteilte.
Frieda nutzte den Moment, um ihrem Freund zu Hilfe zu kommen. Sie packte Maxe am Arm und zerrte ihn zur Seite. „Los, nix wie weg hier!"
Während sie sich unter die anderen Schüler mischten, warf Maxe einen Blick zurück über die Schulter. Alfons kratzte sich immer noch die Ohren. Jaulend robbte er über den Boden in Richtung Traufes Büro. Immer wilder bearbeitete er sein Fell. Verdutzt schaute Maxe in die nun halbleere Dose in seiner Hand, dann schloss er schnell den Deckel.
„Hey, ich glaub, das ist Juckpulver!", rief er aufgeregt und beeilte sich, mit Frieda und Makkaroni Schritt zu halten.
In wenigen Augenblicken würde es zum zweiten Mal läuten.
Keuchend stürzte sich Frieda auf ihre Klassenzimmertür. Im Türrahmen stand Karl und wollte

sie eben schließen. „Warte, wir kommen!“ Frieda drückte sich am verdutzten Klassensprecher vorbei in den Raum und sah sich panisch um. Alle waren da, nur die Lehrerin fehlte.

„Habt ihr ssschon Pennesss Leiche gefunden¿“, platzte Pascal heraus, kaum dass die Freunde im Zimmer waren.

Suse begann zu schluchzen.

„Nö“, erklärte Maxe und ließ sich lässig gegen das Lehrerpult sacken. „Wir wissen jetzt aber, dass sie wirklich weg ist. Zu Hause war sie nämlich auch nicht!“

Nun schossen Suse die Tränen aus den Augen und ihr Gejammer wurde zwei Oktaven höher.

Frieda rannte durchs Zimmer. „Wir brauchen ein Versteck für die Tiere!“ Kurz entschlossen steckte sie Knutschi unter ihren Pullover. „Das muss reichen!“ Ihr Blick schweifte zu Makkaroni, der sich zufrieden im Mittelgang zwischen den Schultischen niedergelassen hatte. Mit dem Kopf auf den Pfoten chillte er entspannt vor sich hin.

„Dein Hund muss verschwinden, Maxe! Und zwar jetzt!“, drängte sie.

Maxe stellte die Dose mit dem Juckpulver auf dem Pult ab. „Ähhhh, ohhhh, ja genau …“
Gemeinsam bugsierten sie Makkaroni hinter ihren Tisch. Auf dem Weg in die letzte Reihe schnappte sich Frieda ein paar Schulsachen ihrer Mitschüler. Zur Tarnung stapelte sie das ganze Zeug vor ihrer Bank, bis Makkaroni nicht mehr zu sehen war. Schwanzwedelnd lag er zwischen Wand und Tisch.
„Hey, jetzt reicht es aber mal, Tiere sind in der Schule nicht gestattet!“, fand Karl von Streichzapf endlich seine Sprache wieder. „Und überhaupt, wie kommt ihr dazu, unsere Schulsachen einfach so …?“
Frieda ignorierte Karls Gezeter und schob sich an ihm vorbei zurück nach vorne. „Hey, Leute, hört mal her! Unsere Tiere brauchen eure Hilfe! Wenn Schnittlich gleich kommt, dürft ihr auf keinen Fall petzen“, rief Frieda in die Klasse. Keiner reagierte. „Okay?! Ihr seid doch alle tierlieb und so …“, hakte sie noch einmal nach.
Maxe runzelte die Stirn und ließ sich auf seinem Platz nieder. Ob das wohl funktionierte?

„Warum sollten wir euch helfen? Dann kriegen wir doch nur wieder Nachsitzen für alle!“, gähnte Elinore hinter ihren Haaren hervor.
Ein paar Kinder nickten zustimmend.
„Ganz einfach, wenn ihr es nicht tut, werde ich dafür sorgen, dass ihr trotzdem alle nachsitzt!“, verkündete Frieda wütend. Sie nahm die Dose mit dem Juckpulver und verteilte es großzügig über Schnittlichs Pult und Lehrerstuhl, dann donnerte sie die leere Dose in den Mülleimer. Gerade noch rechtzeitig – denn in diesem Moment stoppten Schritte vor dem Klassenzimmer.
Eilig lief Frieda zurück zu ihrem Platz. „Das ist Juckpulver ... und ihr alle wisst jetzt, dass es auf Schnittlichs Stuhl ist ... also seid ihr Mitwisser. Mitwisser werden genauso streng bestraft wie Täter! Regel 2761 des Schnittlichen Schulregulariums“, sagte sie und ließ sich zufrieden auf ihrem Stuhl neben Maxe nieder.

Mission: Die entführte Lehrerin 505.ZZZ.3/07

DIENSTAG, 27. JUNI

LBE:

1 superschnelles Moped
77 Comichefte
2 Trickfilme

11:45 UHR. MITTELHAUSEN. SCHNITTLICH-SCHULE.

Es ist wirklich schwer, an zwei Orten gleichzeitig zu sein – selbst für einen alten Inspektor-Hasen wie mich. Habe jede Menge total witzigen Lesestoff zurückgelassen. Werde mich nun wieder den Kindern zuwenden und sehen, ob sie bereits entkommen konnten.

MfG Insp. RR

Mathearrest

Die Kinder hielten den Atem an. Ein paar starrten noch immer mit großen Augen auf Frieda. Doch keiner machte den Mund auf, als wenige Augenblicke später Schulleiter Schnittlich den Raum betrat.

Argwöhnisch glitt sein Blick durch die Reihen. „Hier riecht es komisch. Nach nassem Fell und …“ Schnittlich schnüffelte, wobei er seine Nase – die weder lang noch kurz war – zitternd in die Höhe reckte. „… Kinderschweiß!“, beendete er angewidert seinen Satz.

Die Kinder zogen die Köpfe ein. Frieda hüstelte.

„Sie wollen etwas sagen, Fräulein Geratwol?“, fragte der Schulleiter und steuerte dabei, ohne Frieda anzusehen, den Lehrerstuhl an.

„Nein, Herr Schulleiter, sonst hätte ich mich gemeldet“, erklärte Frieda cool.

Maxe grinste.

Schnittlich strich mit den Händen übers Pult. „Was ist denn das schon wieder für eine Sauerei hier vorne?“ Stirnrunzelnd begutachtete er den Tisch. Dann holte er sein Brillenputztuch hervor, wischte sich über die Augen und begann die Gläser seiner Lesebrille zu bearbeiten. Anschließend setzte er sie wieder auf. „Hm, sieht aus wie Sand“, überlegte der Direktor und ließ sich auf dem Stuhl nieder. Plötzlich schoss Karl von Streichzapfs Arm in die Luft.

Maxe seufzte. War ja klar, dass der wieder petzen musste! Wäre auch echt zu schön gewesen, wenn Friedas Plan einfach so funktioniert hätte.

„Herr von Streichzapf, was gibt es? Wollen Sie sich etwa entschuldigen? Erst gestern so ein Chaos im Zimmer und heute wieder? Vielleicht sollte ich Sie Ihres Amtes entheben …“

Zögerlich senkte Karl die Hand und starrte verunsichert ins Leere.
„Nun, Sie hatten sich gemeldet?“, hakte der Schulleiter nach und rieb sich am Hals.
Karl presste die Lippen zusammen. „Ich wollte nur fragen …“, brachte er schließlich hervor, „… wo unsere Klassenlehrerin ist.“
Schnittlich stand auf, kratzte sich verstohlen den Hintern und lief zur Tafel. „Ihre Lehrerin scheint leider unauffindbar …“ Wieder schoss seine Hand zum Hinterteil. Erst in letzter Sekunde stoppte er in der Bewegung und stützte sich stattdessen auf das Pult. Maxe riss die Augen auf. Frieda grunzte schadenfroh. „… doch wie Sie bereits gehört haben, hat sich die Behörde für … ähm … die Behörde …“ Schnittlichs Arme zuckten. „… die Behörde hat sich der Sache angenommen.“ Nun zuckten auch Schnittlichs Augen. Wieder verselbstständigte sich seine rechte Hand. Diesmal kratzte er sich ausgiebig die Ohren. Beim Brilleputzen musste er sich das Juckpulver ins Gesicht geschmiert haben. Maxe konnte sich das Lachen kaum noch verkneifen.

„Bis Frau Penne zurück ist, übernehme ich den Unterricht“, sprach der Schulleiter weiter und kratzte sich noch einmal am Hintern.
Die ersten Kinder kicherten. Maxe strahlte. Bingo! Da kamen doch selbst die müdesten Langeweiler mal endlich in Schwung!
„Wer war das?“ Die Stimme des Schulleiters schnitt durch die Klasse wie Stahl. Kalt und hart. „Regel Nummer 1 des Schulregulariums: Du sollst in der Schule nicht ...“ Schnittlichs linke Hand schoss unkontrolliert in die Höhe, riss dabei die Brille von der Nase und rieb wild in seinen Augen herum. Die andere Hand kratzte nun hektisch über seinen Bauch und Rücken.
Felix prustete los. „Hehehe!“ Wie immer klang seine Lache wie das Gackern einer ganzen Hühnerschar und steckte an. Anton krümmte sich vor Lachen und sogar Elinore kicherte albern drauflos.
„... nicht lachen!“, brüllte Herr Schnittlich. Rückwärts lief er zur Tafel, wo er sich an einer Kante schrubbte und gleichzeitig begann, etwas anzuschreiben.

Die Kinder lachten immer lauter. Maxe kamen bereits die Tränen und er musste zusehen, dass er den zappelnden Makkaroni in Schach hielt. Nichts liebte sein Hundekumpel so sehr, wie wenn sich jemand kaputtlachte. Na ja, vielleicht liebte er Makkaroni noch etwas mehr!

„Diese Aufgabe werdet ihr lösen!", schrie Herr Schnittlich und warf die Kreide von sich. Das sah so komisch aus, dass selbst Karl auf einmal lauthals loslachte.

Zuckend und schwitzend hetzte der Schulleiter zur Tür. „Ihr habt Zeit bis heute Abend um sechs. Dann komme ich wieder und wehe, ihr habt bis dahin keine Lösung!" Mit diesen Worten riss er die Tür fast aus den Angeln. Er stürzte in den Flur und entledigte sich keuchend seines Jacketts.

Krachend flog die Tür wieder zu.

Keine Sekunde zu früh, denn Makkaroni hatte sich freigekämpft und hüpfte nun wie ein Flummi zwischen den lachenden Schülern umher.

Nachdem er eine Weile hin und her getobt war, wurde es allmählich ruhig im Zimmer. Ein paar der Kinder sahen besorgt zur Tür.

„Ich habe Angst, dass er wiederkommt!", piepste Suse auf einmal.

„Ach was, der kommt nicht wieder, erst heute Abend um …" Maxe blieb der Satz im Hals stecken. Hektisch zog er seinen Pulliärmel zurück und sah auf die Uhr. Ach du Schreck! „Wir sollen zehn Stunden hier rumhängen?" Seine Stimme kippte. Das konnte nicht wahr sein!

Panisch rannte er zur Klassenzimmertür. Die Blicke seiner Mitschüler folgten ihm gebannt. Maxe drückte die Klinke herunter.

Tack! Nichts. Noch einmal. *Tack!* Wieder nichts. Er trat einen Schritt zurück und starrte auf das Türschloss. „Schnittlich hat uns eingeschlossen!", verkündete er fast ein wenig ungläubig. Klar, er hatte immer gewusst, dass Schnittlich ein übler Kerl war, aber das hier?! Das hätte er nicht von ihm erwartet!

Suse begann zu heulen. „Aber ich muss mal aufs Klo!"

Pascal sprang auf und kam zu Maxe nach vorne gerannt. „Und wasss isss, wenn esss plötzzzlich brennt? Sssterben wir dann alle zzzusssammen?"

Anton blinzelte aufgeregt. „Ich habe heute Morgen nur einen Schokoriegel gefrühstückt! Was ist mit der großen Pause, der Mittagspause, der Kakaopause und all den übrigen Zwischendurch-Pausen?“

Elinore legte den Kopf auf den Tisch. „Ist mir doch egal, solange ich nichts machen muss.“

Maxe schüttelte sich. Okay, er musste nachdenken. Das sah nach einer ziemlich verfahrenen Situation aus. Sie saßen fest, schon zum zweiten Mal heute. Er hob den Blick und sah zu Frieda. „Hast du nicht gesagt, der Aktenschrank taucht immer dann auf, wenn wir in der Klemme stecken?“

Frieda seufzte. „Mach dir keine Hoffnungen. Oder siehst du hier irgendwo Platz für einen Stahlschrank?“

„Ja eben!“ Maxe strahlte, während im Hintergrund seine Mitschüler zu streiten begannen.

„Das ist alles deine Schuld!“, rief Anton gerade und baute sich wütend vor Felix auf. „Mit deinem Gegacker hast du uns alle angesteckt!“

Fragend blickte Frieda zu Maxe. „Ja eben, was?“

„Na, ist doch klar! Wenn der Aktenschrank bis jetzt nicht aufgetaucht ist, sitzen wir auch nicht wirklich fest!“, schloss Maxe zufrieden.

Frieda kniff die Augen zusammen. „Hm … interessante Theorie.“ Nachdenklich ließ sie Knutschkugel aus ihrem Pulli heraus zu Boden gleiten. „Vielleicht führt einer dieser Geheimgänge zu unserem Klassenzimmer?“

Maxe nickte eifrig. „Na logo, das muss es sein!“ Er wandte sich der Klasse zu. „Hey, Leute, hört mal her!“

Aber keiner beachtete ihn. Alle riefen wild durcheinander.

„Hätten wir bloß nicht gelacht!“, heulte Suse in einem fort.

„Jetzt reicht es aber!“, schrie Karl immer wieder dazwischen.

„Ich habe Hunger!“ Anton wühlte in seiner Schultasche herum, offenbar in der Hoffnung, dort noch etwas Essbares zu finden.

„Wir müssen zurück ins geheime Klassenzimmer!“, brüllte Maxe so laut, dass Makkaroni winselnd unter einer Schulbank verschwand.

Entgeistert starrte die Klasse ihn an. Für einen Moment herrschte Stille. Dann meldete sich Anton zu Wort: „Hey, ich wäre sofort dabei, aber siehst du hier irgendwo eine Tür zu Schnittlichs Bettvorhang?"
Maxe blies die Backen auf. „Ne, aber wo es Geheimgänge gibt, muss es auch Geheimtüren geben! Wir müssen sie nur finden!"
„Und was soll das bitte schön bringen?", wollte Karl wissen.
„Da kriegen wir nur noch mehr Ärger", gähnte Elinore. „Ich bleib hier."
„Jetzt überlegt doch mal!" Maxe gab nicht auf. „Wir haben stundenlang Zeit, einen Ausgang zu finden. Oder habt ihr was Besseres vor?"
„Wir könnten uns aus der Schule schleichen und die Penne suchen", kam ihm Frieda zu Hilfe. „Sie ist unsere einzige Chance, Schnittlich wieder loszuwerden." Ihre Mitschüler horchten auf. „Oder wollt ihr etwa weiterhin Unterricht bei ihm haben?"
Einige Kinder schüttelten den Kopf. Pascal verzog das Gesicht. „Nur über meine Leiche ..."

Maxe strahlte. Er hätte es nicht besser sagen können.

„Na schön, aber wo soll diese Tür denn sein? Ich kenne dieses Zimmer wie meine Westentasche!", prahlte Karl.

In dem Moment kam Makkaroni wieder unter der Bank hervor und schüttelte irgendetwas wild im Maul herum.

„He, das ist mein Sportbeutel!", kreischte Karl und stürzte sich auf den Labrador. Doch Makkaroni ließ sich nicht beirren. Immer wilder zerrte er an Karls Beutel, der sich irgendwo verhakt hatte. Er stemmte alle vier Pfoten in den Boden, krallte sich fest und lehnte sich zurück.

Plötzlich knallte es. *Peng!*

Makkaroni taumelte rückwärts, den zerfetzten Beutel noch immer im Maul. Staub rieselte von der Decke und die Kinder schauten auf.

„Abgefahren!" Maxe rannte zu der Stelle, wo Makkaroni eben noch mit dem Sportzeug gekämpft hatte.

Dort, am Boden, stach ein spitzes Stück Draht aus dem welligen Plastikbelag hervor. Erst mal nichts

Besonderes in der baufälligen Schnittlich-Schule. Doch beim näheren Hinsehen erkannte Maxe: Der Draht war tatsächlich ein winziger Hebel!
Viel beachtlicher aber war das große viereckige Loch, das nun direkt über ihren Köpfen in der Klassenzimmerdecke klaffte.
„Dasss issst ssso krasss …", lispelte Pascal voller Ehrfurcht. Er drängte unter das Loch. Gebannt starrten Maxe und die anderen Kinder in die schwarze Öffnung.
„Was da oben wohl ist?", wisperte Suse ängstlich. „Wenn ich das gewusst hätte …" Sie beäugte ihren umgefallenen Stuhl, der normalerweise direkt unter dem Loch stand.
Frieda rümpfte die Nase. „Puh, dem Geruch nach muss das Loch in die Geheimgänge führen."
Schon bei ihrer Suche nach dem geheimen Klassenzimmer hatten sie festgestellt, dass es zwischen den Mauern der Schule gewaltig miefte.
„Egal, wir werden es herausfinden!" Voller Tatendrang flitzte Maxe los und zerrte eine Schulbank unters Loch.

„He, was machst du da? Das ist doch nicht erlaubt!“, empörte sich Karl.
In dem Moment wurde er von hinten angerempelt. Anton sprang an ihm vorbei und packte mit an.
„Mir hat die Sitzordnung noch nie gefallen!“, erklärte er.
„Tja, das würde ich auch sagen, wenn ich direkt vor der Penne sitzen müsste!“ Maxe grinste und kletterte auf den Tisch, um von dort nach oben zu greifen.
Die anderen Kinder sahen unschlüssig zu.
„Oh menno, da komm ich nie im Leben hoch!“, stellte Maxe fest. So winzig das Klassenzimmer auch schien, die Decke war mächtig hoch.
Frieda zerrte die nächste Bank heran. „Wir stellen einfach noch einen Tisch drauf!“ Ächzend und stöhnend versuchten sie, das schwere Möbelstück nach oben zu stemmen.
„Ach wasss sssoll's! Dasss kann man ja nicht mitansssehen, ihr Ssschwächlinge!“, rief Pascal und fasste mit an.
Immer mehr Kinder halfen, einen Turm aus Stühlen und Tischen zu bauen. Nur Karl stand

14x < 20

noch immer verdrossen am Rand. „Das gibt Ärger! Ihr werdet's schon sehen!", meckerte er.
Doch niemand hörte ihm zu. Nicht einmal Suse und Elinore. Alle hatten sich neugierig um den Turm herum versammelt.
„Das sieht aber gefährlich aus!" Nervös zupfte Suse an ihren blonden Zöpfen.
„Ach was!", winkte Maxe ab. „Ich klettere gleich mal hoch und dann kann ich euch von oben helfen."
Auch Frieda war nicht überzeugt. „Und wenn das Ding zusammenbricht?"
Kaum ausgesprochen, schoss Knutschi heran und rannte auf den Turm zu.
„Knutschi, nicht!", versuchte Frieda, sie zu stoppen.
Rums! Die dicke Katze landete auf dem ersten Tisch und machte sich geschickt an den Aufstieg.
„Sie liebt Klettertürme", erklärte Frieda nervös.
Plötzlich ließ Makkaroni schwanzwedelnd Karls Beutel fallen und bellte seiner Katzenfreundin freudig zu.
„Ne, echt mal, du nicht auch noch …" Aber bevor

Maxe ihn zu fassen bekam, hechtete Makkaroni Knutschi hinterher.
Die Kinder sogen erschrocken die Luft ein. Der Turm schwankte, Holz knarrte und einen Moment lang sah es so aus, als würde alles einstürzen. Doch dann verschwanden die beiden Superspürnasen auch schon durch das Deckenloch.
Felix kicherte.
„Ohhhh!", meinte Suse.
„Krasss …", lispelte Pascal.
„Ha, es funktioniert!", verkündete Maxe, während er auf den ersten Tisch stieg. Schließlich war Makkaroni fast so schwer wie sein Herrchen. Das sollte also klappen!
Vorsichtig hangelte er sich die nächsten beiden Möbelstücke empor, krallte sich an einem Stuhl fest und kletterte auf die Sitzfläche. Das Gebilde schwankte verdächtig.
„Gleich sspießßt er sssich auf", japste Pascal.
„Ohhh nein!", kreischte Suse.
„Hehehe!", gackerte Felix und hüpfte aufgeregt von einem Bein aufs andere.
„Das kann ich nicht mitansehen …" Frieda stieg

auf den untersten Tisch und packte die Stuhlbeine. „Ich halt hier mal lieber fest!“

Doch Maxe war bereits zur Hälfte im Loch verschwunden. Nur seine Füße baumelten noch einige Sekunden frei in der Luft. Dann war er weg.

Mission: Die entführte Lehrerin 505.ZZZ.3/08

DIENSTAG, 27. JUNI

LBE:

1 Paket Nudeln
4 Tomaten
1 Butter
1 Glas Marmelade

12:34 UHR. MITTELHAUSEN. MARKTPLATZ.

Ich bin nur noch am Hin-und-her-Hetzen! Nur gut, dass die Kinder es inzwischen geschafft haben, ihrem Gefängnis zu entkommen. Bin gespannt, ob meine beiden Superagenten auch diesmal den richtigen Riecher haben. Apropos: Wie gut diese selbst gemachte Marmelade duftet! Es hat sich gelohnt, dass ich noch kurz auf dem Markt war. Freue mich schon auf eine leckere Brotzeit. Heute Abend gibt's dann Nudeln.

MfG Insp. RR

Karl im Kanal

Maxe?“, rief Frieda nach oben.
Gespannte Stille folgte. Maxe rührte sich nicht. Ohne lange zu zögern, kletterte ihm Frieda hinterher. Dabei schwankte der Turm um einiges mehr als zuvor. „Ist alles in Ordnung bei dir?“
Eben erreichte Frieda die Luke, als Maxes Kopf ihr plötzlich entgegenschoss. „Hey, Leute! Ihr werdet’s nicht glauben, aber hier geht’s direkt ins geheime Klassenzimmer!“
Erschrocken zuckte Frieda zusammen und verlor den Halt. Der Stuhl, an den sie sich klammerte, kippte zur Seite.

„Pass auf!“, rief Anton und hechtete los, um den schwankenden Turm zu stützen.
Blitzschnell griff Maxe nach vorne und packte Friedas Arm. Keine Sekunde zu früh! Im nächsten Moment donnerte ihr Stuhl nach unten, wo er neben der weinenden Suse aufschlug. Die kreischte entsetzt: „Da geh ich niemals hoch!“
Selbst Pascal war blass geworden.
Maxe ächzte unter Friedas Gewicht. „Du musst dich hochziehen!“
„Versuch ich ja!“ Frieda tastete nach dem Rand der Öffnung. Ungelenk warf sie ein Bein nach oben und fand schließlich Halt. Mit Maxes Hilfe zog sie sich das letzte Stückchen durchs Loch.
„Geschafft!“, keuchte sie. Gemeinsam sackten sie auf die verstaubten Fliesen.
Ein schwacher Schein drang von oben in den Raum und tauchte die Umgebung in schummriges Zwielicht. Frieda blinzelte. Vor sich erkannte sie das Gestell einer alten Schultafel. Unmittelbar neben ihr stand eine schwere Holztruhe. Sie hob den Kopf. „Wir sind tatsächlich im geheimen Klassenzimmer!“ Frieda blickte hoch zum

gläsernen Kuppeldach. An einigen Stellen verdeckten dunkle Flecken und altes Laub die Sicht in den verregneten Junihimmel.

„He, alles klar da oben?", ertönte Antons Stimme.

Maxe lugte nach unten. „Ja, alles bestens. Kommt rauf, ich habe was gefunden!"

Sofort brach unten Tumult aus. „Bist du verrückt?", keifte Elinore. „Ich breche mir doch nicht den Hals!"

„Jetzt reicht es aber!", zeterte Karl. „Kommt sofort wieder runter!"

Maxe zog den Kopf zurück. „Manchmal wünschte ich einfach, ich hätte eine richtig coole Klasse …", flüsterte er Frieda zu und klappte den Deckel der Truhe neben sich auf. „Aber dann denke ich wieder …" Er zog eine Strickleiter heraus. „… was wäre die Schnittlich-Schule ohne Karl von Streichzapf und seine Zombie-Gang?" Grinsend befestigte er die Leiter an zwei Metallhaken, bevor er sie durchs Loch fallen ließ.

Frieda lächelte schief. „Hm, so kann man's auch sehen."

„Schafft ihr es damit?", rief Maxe nach unten.

Schweigen.
Dann fing Felix an, hysterisch zu kichern. „Das ist so cool, total megakrass, ich glaub's nicht, also echt …"
„Platzzz da, losss!", unterbrach ihn Pascal und griff als Erster nach der Leiter. Unter heftigem Schwanken kletterte er nach oben. *Schwups*, ließ er sich neben Maxe plumpsen.
„Kindersssspiel!", prahlte er und rieb sich heimlich den Schweiß von der Stirn.
Nun war der Bann gebrochen. Im Nullkommanichts war ein Großteil der Klasse nach oben geklettert, bis nur noch Karl unten zurückblieb.

„Komm schon!", rief Suse zu ihm hinunter.
Doch Karl schaute beleidigt weg und rührte sich nicht. Die Nummer mit dem Sportbeutel hatte er Maxe wohl noch nicht verziehen.
Frieda grinste verschmitzt und beugte sich durchs Loch. „Ähm, Karl, wenn Schnittlich zurückkommt, kannst du ihm dann bitte ausrichten, dass wir nach Frau Penne suchen?"
„Wie kommst du denn darauf?", rief Karl wütend. „Das gehört nicht zu meiner Jobbeschreibung, so etwas mache ich nicht!" Aufgescheucht griff er nach der Leiter und begann zu klettern. Erstaunlich schnell erreichte er den Einstieg zum geheimen Klassenzimmer.
Zufrieden wandte sich Frieda wieder an Maxe. „Also, spuck's aus! Was hast du gefunden?"
Maxes Augen strahlten. Übermütig sprang er auf und bahnte sich einen Weg durch die Schüler. „Na ja, da wir nun wissen, dass der Boden an einigen Stellen aufgeklappt werden kann, habe ich mal nachgeschaut …" Er lief hinüber zu den alten hölzernen Schulbänken und ließ sich auf den Boden plumpsen.

Zu seiner Überraschung folgte ihm ausgerechnet Karl als Erstes. „Alle mal hergehört, wir machen jetzt, was ich sage!“, trötete er durchs geheime Klassenzimmer.
Maxe ignorierte den Klassensprecher und zerrte einen dicken Fußläufer zur Seite. „Hier gibt es noch mehr Falltüren!“ Eine Staubwolke wehte zu ihnen herüber und die Kinder mussten husten. Zum Vorschein kam ein Gullydeckel.
„Das ist ein Gullydeckel aus Gusseisen …“, erklärte Karl. Rücksichtslos schob er Maxe zur Seite und trat auf den Deckel. Mit ganzer Kraft stampfte er darauf herum. „… und keine Falltür!“
Wusch! Plötzlich gab der Deckel unter Karls Füßen nach, klappte nach unten und ließ den überraschten Karl in den Gully plumpsen.
„Ahhhhh …“, hörten seine Mitschüler ihn noch schreien, doch seine Rufe wurden schnell leiser. *Flatsch!* Das klang wie Wasser. Dann Stille.
Suse brach in Tränen aus. „Kaaaaaarl!“, heulte sie los wie eine Sirene.
„Mist!“ Maxe schluckte. Total abgefahrener Obermist!

„Issst er tot?", flüsterte Pascal und klang zum ersten Mal ein wenig unsicher.
Selbst Frieda blickte wie erstarrt auf den Gully.
Maxe straffte die Schultern. „Macht euch keine Sorgen, ich geh hinterher", sagte er und versuchte, dabei entschlossener zu klingen, als er sich fühlte. Was konnte da unten schon sein? Wasser? Abwasser? Maxe verzog das Gesicht. Boah. Besser, er dachte nicht groß drüber nach.
Er beugte sich nach vorn und spähte in die Öffnung. Dort entdeckte er eine glänzende silberne Fläche und ein Seil. „Super! Sieht aus wie eine Rutsche", lachte er ein wenig zu laut. Okay, das Seil war gut, daran konnte man sich im Notfall festhalten. Maxe holte tief Luft.
In dem Moment bellte Makkaroni und Frieda erwachte aus ihrer Erstarrung. „Maxe, nicht!"
Doch Maxe war bereits in die Öffnung gesprungen.
Wusch, ging es hinab durch die Dunkelheit.
Die kalte, miefige Luft ließ seine Augen tränen. „Ahhhhhh!", rief er heiser und bemühte sich, in der Spur zu bleiben. Immer wieder schlug das Seil

gegen ihn. Schließlich packte er zu. „Autschiiiii!“ Seine Handflächen brannten, seine Turnschuhe schrubbten über die glatten Wände, aber allmählich wurde er langsamer.
Von oben hörte er die gedämpften Rufe seiner Mitschüler und irgendein Schleifgeräusch. Von unten hektisches Planschen und Schreien. Das musste Karl sein. Ein Glück, er war noch da!
„Ich komme …“ Im nächsten Moment landete er hart auf dem Po und schlitterte noch ein kleines Stück weiter, bis er endgültig liegen blieb.
„Bäähhh!“ Maxe rümpfte die Nase und hustete. Hier unten stank es erbärmlich.
Vor ihm spritzte und flatschte es. „Karl? Bist du das?“ Maxe konnte beim besten Willen nichts erkennen, obwohl in einiger Entfernung ein Lichtstrahl zu ihnen hereinfiel. Schnell angelte er seine Taschenlampe aus dem Rucksack und schaltete sie ein.
Direkt vor Maxes Füßen floss eine stinkende Brühe durch die Dunkelheit. Einzig eine Kante aus grob behauenem Stein trennte ihn von der übel riechenden Suppe.

Hinter ihm wurde es laut. Irgendjemand donnerte die Rutsche hinab. Hektisch rappelte er sich auf, schwenkte die Taschenlampe herum und erfasste einen wilden Haufen aus Armen, Beinen und Fell.

„Frieda? Makkaroni?“, rief Maxe ungläubig und hätte beinahe versäumt, sie aufzufangen. In letzter Sekunde griff er nach Friedas Arm und bewahrte sie vor dem Fall in die Güllegrube. „Wie wär’s mit Bremsen?“

„Ich habe das Seil nicht zu fassen bekommen“, keuchte Frieda. Makkaroni schüttelte sich und enthüllte die zerzauste Gestalt von Friedas Katze.

„Hilfe!“, blubberte es plötzlich im Kanal.

„Karl?“ Frieda spähte über den Rand des kleinen Vorsprungs, auf dem sie gelandet waren.

Der Klassensprecher tauchte wieder auf. Total verdreckt und triefend. Er sah aus wie eine Moorleiche.

„Wir müssen ihn rausziehen!“, rief Frieda und krabbelte hektisch an der Kante auf und ab.

Maxe verzog das Gesicht. „Igitt!“ Dann griff er nach dem aufgerollten Seil, das am Fuße der Rutsche hing.

Geschickt verknotete er das lange Ende zu einem Lasso. „Das wollte ich schon immer mal machen!“, grinste er und schwang das Seil über den Kopf. „Einen Stinkfisch fangen!“ Gekonnt schleuderte er die Schlinge durch die Luft und schaffte es tatsächlich, Karls schmuddelige Gestalt zu treffen. „Hilfe, eine Ratte“, schrie der und schlug kreischend um sich. „Hilfe!“ Dabei zog er an dem Seil, sodass Maxe nach vorne gerissen wurde. „Owwwuppps!“ Maxe ruderte wild mit den Armen, ließ das Lasso aber nicht los.

Sein Hundekumpel bellte auf und schnappte das Seil. Übermütig hüpfte er damit herum, knurrte spielerisch und zog daran, so fest er konnte. Das war Maxes Rettung! Bevor ihn dasselbe Schicksal ereilte wie Karl, wurde er von Makkaroni zurückgerissen.

„Ufff!“, stöhnte Maxe, als er auf dem Hosenboden neben Frieda landete.

Klong! Karl schlug gegen den Rand des Kanals. Sofort hechtete Maxe herbei und zog ihn hoch. „Bähhh, stinkst du!“ Maxe verschlug es kurz den Atem.

Zusammengesunken lag der Klassensprecher neben ihm und sah aus wie eine ertränkte Kanalratte. Wortlos starrte er vor sich hin. Seine Gelhaare trieften glibberig und an den Klamotten klebte Schlamm.

Boing! Hinter ihnen purzelte jemand aus der Röhre.

„Maxe?" Das war Anton. Er rollte noch ein Stückchen und kam dann neben Karl zum Liegen.

„Igitt, was stinkt denn hier so?" Er hatte seine Brille verloren und tastete suchend den Boden ab. „Alles klar?"

„Ja, uns geht's gut …" Frieda warf sich zur Seite, denn schon wieder rasselte es im Rutschbahnschacht.

„Kraaaasssssss!" Pascal kam herausgebrettert.

Maxe nutzte den Aufruhr, um sich abzusetzen. Neugierig folgte er dem schwachen Lichtstrahl. Ein langer schmaler Spalt in der Wand erregte seine Aufmerksamkeit. Leises Rauschen war dahinter zu vernehmen.

„Hörst du das auch, Kumpel?", fragte er Makkaroni, der ihm gefolgt war. „Klingt wie ein Fluss!" Maxe spitzte die Ohren. So viele Gewässer gab es in Mittelhausen nicht. Eigentlich nur den Mittelbach, ein kleines Flüsschen, das zum Teil überirdisch und zum Teil unterirdisch quer durch den Ort floss.

„He, Leute, ich glaub, hier geht's raus!" Erleichtert hielt Maxe die Nase in die kühle, frische Luft, die ihm entgegenblies.

Makkaroni drängte sich zwischen seinen Beinen durch hinein in den Spalt. Ohne zu zögern, folgte Maxe ihm.

Augenblicklich wurde es hell und das Rauschen lauter.

Flatsch! Makkaroni war ins Wasser gesprungen und bellte freudig.

Maxe spürte weichen Kies unter seinen Füßen.

„Abgefahren!" Neben ihm floss der glasklare Strom des Mittelbachs gurgelnd dem grauen Tageslicht entgegen. Über ihm wölbte sich noch immer grauer Beton.

„Das muss die Unterführung beim Marktplatz sein", hörte er Frieda hinter sich sagen. Mit einem Satz landete sie neben ihm, dicht gefolgt von Knutschi.

„Unglaublich! Wir haben's tatsächlich rausgeschafft!", jubelte er.
Ohne sich um nasse Füße zu scheren, hüpfte er durch den Bach, hinaus aus dem Tunnel ins Freie. Hier floss das Wasser weiter in einem eingelassenen Flussbett, umgeben von mannshohen Mauern. Maxe blickte sich um und entdeckte direkt neben dem Tunnelausgang eine schmale Treppe. Ihre moosbewachsenen Stufen führten zur Straße.
„Bingo!" Eben wollte er hinaufklettern, als ein weißer Fetzen seine Aufmerksamkeit erregte. Neugierig bückte er sich und klaubte den aufgeweichten Zettel von der untersten Treppenstufe. Sofort stach ihm ein Wort ins Auge:

Penne

Maxe riss die Augen auf. „Frieda, hier ist eine Nachricht von der Penne!" Aufgeregt stapfte er zurück durchs Wasser, um ihr den Zettel unter die Nase zu halten. „Schau her, hier steht's!"

To f

B

a l d

Wo markt?

Mehr war leider nicht mehr zu lesen. Das Wasser hatte die Buchstaben vollkommen unleserlich werden lassen. Maxe atmete tief durch.
Ihre Lehrerin war in Lebensgefahr.
So viel stand fest.

Mission: Die entführte Lehrerin 505.ZZZ.3/09

DIENSTAG, 27. JUNI

LBE:

1 schwarzer Regenschirm
1 getuntes Moped, extraschnell
2 Agenten-Outfits
4 Tafeln Schokolade als Nervennahrung

13:06 UHR. MITTELHAUSEN. MARKTSTRASSE.

Auweia weia weia! Die Ereignisse überschlagen sich. Ich brauche dringend Verstärkung s.f.w.m. – so früh wie möglich! Schnittlich und Traufe haben soeben die Schule verlassen. Der Direktor hat extrem lange geduscht und ist das Juckpulver nun wieder los. Leider ist er auch extrem schlecht gelaunt und schon auf dem Weg zum Marktplatz!!! Ich muss los …

MfG Insp. RR

Mit Zack und Pack

Das muss eine Nachricht des Entführers sein!“ Maxes Herz raste. Auf der Straße holperte lärmend ein Lkw vorbei. „Wahrscheinlich ist Frau Penne irgendwo ganz in der Nähe …“

Frieda schüttelte den Kopf. „Ich weiß nicht, für mich macht das alles keinen Sinn.“ Nachdenklich studierte sie das durchweichte Papier.

„Aber sie muss hier sein! Da steht doch schließlich Markt!“, rief er verzweifelt.

„Wenn wir zum Markt gehen, fragen sich alle, warum wir nicht in der Schule sind!“, gab Frieda zu bedenken. „Das können wir nicht riskieren …“

Flatsch! Jemand schlug der Länge nach im Wasser hin.

Die Kinder kicherten. Karl hatte sich einfach in den Bach geworfen. Schnaufend rollte sich der Klassensprecher durchs Wasser. Allmählich kam unter der schwarzen Schlammschicht sein braunes Haar zum Vorschein.

„Dann darf uns eben niemand sehen auf dem Markt!“, erwiderte Maxe, doch Frieda machte noch immer ein skeptisches Gesicht.

Derweilen stand Karl wieder auf und schüttelte sich ausgiebig.

„Igitt!“, kreischte Suse und rettete sich zur Seite. Trotz seines Bads miefte Karl noch immer übelst!

„Weg da!“ Rücksichtslos drängte sich der Klassensprecher zwischen den Kindern durch in Richtung Treppe. „Mir reicht es! Ich bleibe keine Minute länger hier!“ Entschlossen kletterte Karl die Stufen hoch.

„He, Kumpel, jetzt warte doch mal …“, versuchte Maxe ihn zu stoppen. Doch er war bereits weg. „Kommt schon, Leute! Wir müssen zusammenbleiben!“

„… und Karl im Auge behalten!“, ergänzte Frieda und sprang hinter Maxe auf den Gehweg.
Die Straße oben lag verlassen im Regen. Bei dem ungemütlichen Wetter war niemand unterwegs. Die wenigen Leute, die weit entfernt einen Zebrastreifen überquerten, hatten ihre Kapuzen tief in die Stirn gezogen oder sich unter Regenschirmen versteckt.
Maxe steuerte auf die Gasse zu, die zum Marktplatz führte. Über den Dächern der alten Fachwerkhäuschen ringsum ragte der Turm der Mittelhausener Kirche hervor. Ihre Spitze verschwand in den Wolken.
Nun hatten sie Karl fast eingeholt. Der nahm direkten Kurs auf die Kirche, denn auf dem Platz davor fand jeden Morgen der Wochenmarkt statt.
Maxe schnaubte. „Warum er nicht einfach mal warten kann!“
„Immerhin bemüht er sich, ungesehen zu bleiben!“, entgegnete Frieda leise und beobachtete, wie Karl geduckt an den Autos vorbeischlich.
„Versteckt der sich vor uns?“, wunderte sich Anton.

„Dasss kann er sssich sssparen", lästerte Pascal, der zusammen mit Maxe und ein paar anderen Kindern hinter einer niedrigen Hecke hockte. „Man kann ihn doch aus 100 Metern Entfernung noch riechen …"

In dem Moment trat direkt neben Karls Versteck eine ältere Frau mit Regenmantel und geblümtem Kopftuch aus einem Hauseingang. Verwundert blieb sie stehen und reckte ihre Nase in die Luft.

Suse zuckte erschrocken zusammen. „Das ist ja meine Klavierlehrerin, die dicke Traudel!"

Sofort zogen alle Kinder die Köpfe ein.

Die dicke Traudel trödelte noch ein wenig vor ihrer Tür herum, dann rümpfte sie ein letztes Mal die Nase und zog davon.

Erleichtert atmete die Klasse auf.

„Sicherlich werden wir gleich entdeckt", verkündete Elinore missmutig, denn Karl preschte wagemutig an einem Friseursalon vorbei.

Die Klasse folgte ihm unauffällig. Prompt kam ein dürrer Mann mit grauem Haar aus dem Salon. In letzter Sekunde hechtete der Klassensprecher zwischen zwei Mülltonnen.

Es schepperte.
Blitzschnell tauchten Maxe und die anderen zwischen den parkenden Autos ab.
Felix gackerte los. „Hehehe …“
„Schschsch!“, zischte die Klasse.
Doch der ältere Herr drehte sich nicht einmal um. Gebückt ging er weiter und starrte dabei verdrossen auf seine feinen Lederschuhe.
„Wenn der mal nicht taub ist …“, murmelte Anton.
Nur Karl geriet in Panik und fuchtelte wild mit den Armen. „Nichts wie weg hier!“, brüllte er lauthals.
„Ist der jetzt total durchgeknallt!“ Frieda schüttelte fassungslos den Kopf.
Doch nichts passierte! Der alte Mann lief unbeirrt weiter.
Stirnrunzelnd blickte Maxe zwischen dem Opi und Karl hin und her. Irgendwie sahen sich die beiden ähnlich, so von hinten.
„Issst dasss nicht Karlsss Großßßvater?“, hörte Maxe Pascal auch schon lispeln. „Der issst fassst taub, aber sssehen tut er noch bessstensss!“, informierte er die Klasse. „Er issst mit meinem Opa zusammen im Wanderverein!“

„Mist!“ Maxe blies die Backen auf. Wenn der seinen Enkel entdeckte, waren sie geliefert!
Frieda spähte zwischen ihren Fingern hindurch. „Kann Karl denn nicht mit seinem Opa reden, ihm alles erklären, meine ich?“
„Auf gar keinen Fall!“ Maxe schüttelte heftig den Kopf. „Theobald von Streichzapf ist nicht einer dieser Taschengeld- und Ohrensessel-Opas – wenn du weißt, was ich meine.“
Seine Freundin nickte wissend. Mit Opas kannte sie sich aus: Sie hatte drei – zwei Opas und einen Uropa.
„Der hat uns wirklich gerade noch gefehlt!“, stöhnte Maxe.
Doch es kam noch dicker! Eben schlurfte Theobald von Streichzapf an Karls Versteck vorbei, als es plötzlich bimmelte.
Auf der anderen Straßenseite ging die Tür der Metzgerei Sauter auf. Ein untersetzter, säuerlich dreinblickender Herr mit Aktentasche trat heraus, blieb stehen und begrüßte Karls Großvater.
„Oh nein!“, jammerte jetzt auch Frieda und Knutschi versteckte sich hinter ihren Beinen.

Sogar Makkaroni winselte leise und sah Hilfe suchend zu seinem Herrchen auf.
Der Mann war niemand anders als Herr Müller!
Maxe zuckte erschrocken zurück. „Wenn der mich jetzt sieht …“ Er duckte sich hinter das Auto.
„Wird er aber nicht!“ Frieda packte Maxe am Ärmel und wirbelte herum. „Wir nehmen einen anderen Weg zum Markt.“ Gemeinsam bogen sie um die Ecke, bis Frieda unerwartet bremste.
Denn mitten im Weg parkte ein klobiger Kasten.
„Er ist wieder da!“, rief Maxe mit leuchtenden Augen.
„Der Aktenschrank!“, jauchzte Frieda.
Ihr Retter in der Not stand – fast wie vom Himmel gefallen – an die rechte Hauswand gelehnt und glänzte feucht vom Regen. Maxe trommelte mit den Fäusten gegen den Schrank und versuchte es mit dem nächstbesten Fach. LBE767 war darauf zu lesen.
„Vergiss es!“ Frieda schob Maxe zur Seite. „Lass es uns diesmal mit Singen probieren!“, schlug sie überschwänglich vor.
„Ich kann nicht singen …“, brummte Maxe.

Hoffnungsvoll guckte er zu Makkaroni. Vielleicht hatte sein Hundekumpel genauso viel Glück wie Knutschi am Morgen?

Kurz entschlossen klatschte Maxe in die Hände. „Komm schon, Kumpel, mach schön die Tür auf!"

Diesen Befehl kannte Makkaroni – Türen öffnen war seine Spezialität. Warum also nicht auch Aktenschränke?

Der Labrador bellte freudig, schubste Frieda zur Seite und sprang mit den Vorderpfoten gegen das Metall.

„Heee, du Rüpel …", lachte Frieda, doch verstummte sogleich, als der Schrank zu klingeln begann.

Plopp!, sprang die Schublade auch schon auf.

„Feiner Junge, braver Hund, super gemacht!", lobte Maxe und wuschelte dem Labrador übermütig durchs Fell. „Du bist einfach die beste Spürnase!"

Frieda schnaubte nur und beugte sich über das offene Fach. „Ähhh, okay, können wir zwar schon irgendwie gebrauchen, aber …"

„Regenschirme?", rief Maxe verdutzt. „Was sollen wir denn damit?" Irritiert holte er einen der kleinen schwarzen Knirpse heraus – sie waren kaum länger als sein Unterarm. Insgesamt gab es sieben Stück. Die reichten doch nicht einmal für alle!

Schulterzuckend ließ Maxe die Schirme in seinen Rucksack gleiten. „Danke, du oller Kasten, endlich habe ich genügend Schirme, um hier und da mal einen zu verlieren!“, rief er scherzend durch die Gasse.

„He, schau mal, Maxe, da ist noch etwas drin“, sagte Frieda plötzlich und griff wieder ins Fach. Zum Vorschein kamen ein paar zusammengeknüllte Kleidungsstücke. „Das sind Regencapes, aber nur drei Stück.“

In dem Moment erklang ein hässliches Kläffen am Ende der Gasse. Erschrocken drehten sich die Freunde um und spähten hinter dem Aktenschrank hervor. Knutschi legte die Ohren an.

„Nein, nein, nein …“, heulte Frieda und raufte sich die Haare. „Was suchen die denn jetzt hier?“

Unheilverkündend näherten sich drei finstere Gestalten aus Richtung Schule.

„Schnittlich …“, flüsterte Maxe.

„… und Traufe mit Alfons!“ Frieda schluckte.
„Dann nehme ich’s doch lieber mit Herrn Müller auf“, meinte Maxe und packte Frieda am Arm. Gemeinsam liefen sie zurück und duckten sich neben Karl hinter die Mülltonne.
Entsetzt stellten sie fest, dass sich die beiden tratschenden Herren noch keinen Meter fortbewegt hatten.
„Karl, wir müssen hier weg! Schnittlich und Traufe sind im Anmarsch!“, erklärte Frieda atemlos.
Karl reagierte erstaunlich gelassen. „Maxe, du hast doch immer Ideen … also, was machen wir jetzt?“
Der traute seinen Ohren kaum. Karl von Streichzapf – Klassensprecher und Streberkönig – bat tatsächlich *ihn*, Maximilian Zack, um Rat? Er sah sich um. Na gut, außer Frieda war auch niemand da, der diesen sensationellen Moment mitbekam. Daran musste es liegen. Doch guter Rat war teuer: Sie waren umzingelt!
„Wir schlagen uns zum Marktplatz durch, das ist der Plan“, stotterte Maxe. „Dort halten wir nach weiteren Indizien Ausschau. Das Wichtigste ist, dass wir Frau Penne finden!“

Karl stemmte die Hände in die Hüften. „Und wie genau, denkst du, kommen wir ungesehen an meinem Großvater vorbei? *Bevor* uns Schnittlich sieht?"

Maxe schwitzte. Tja, gute Frage, wenn er das nur wüsste …

„Wir verstecken uns unter diesen Schirmen …", meldete sich plötzlich Frieda zu Wort. Ruckartig zog sie einen Schirm aus Maxes Tasche. „… und diesen Regencapes. Damit wir alle Platz haben, muss immer ein Kind ein anderes huckepack nehmen. Das kurze Stück bis zum Markt sollte das wohl gehen."

Maxe riss die Augen auf. Was wäre er nur ohne Genie-Frieda?!

„Genau, so denke ich mir das auch!", stimmte er ihr zu, während er panisch zwischen Gasse und Straße hin und her schaute.

„Der Plan hat nur einen Haken." Karl blähte die Nasenflügel auf. „Ich schleppe doch niemanden die Hauptstraße entlang!!!!"

Doch Maxe winkte bereits seine Klassenkameraden herbei. „Los, kommt, Leute!"

„Schaut mal, was Karl gefunden hat!“, grinste Frieda verschmitzt und zeigte den Kindern die Sachen aus dem Aktenschrank.
Karl hörte auf zu meckern und sah verwirrt auf die Schirme.
„Ihr werdet's nicht glauben, aber unser Klassensprecher hat einen total genialen Plan entwickelt!“, erklärte Frieda weiter. In Windeseile schilderte sie, was zu tun war.
„Echt jetzzzt? Karl, du bissst genial!“, rief Pascal, woraufhin Felix mal wieder total überdreht loskicherte. „Karl ist genial!“, grunzte er in einem fort.
Maxe schwitzte Blut und Wasser. Schnittlich und Traufe kamen immer näher! Er hörte sie bereits …
„Äh, ja klar, ich bin genial!“, lachte Karl und strich sich so lässig wie möglich durch die Schmutzhaare.
„Du kannst mich gerne huckepack nehmen …“, säuselte Elinore.
Karl schluckte.
Auweia! Maxe hätte nicht mit ihm tauschen wollen! Elinore war keineswegs die Leichteste in

der Klasse! Doch zu Maxes unendlicher Erleichterung ging Friedas Plan auf: Der Klassensprecher machte mit und auch ein paar andere Kinder zogen eifrig die Regencapes an. Pascal nahm Suse huckepack, Frieda Maxe und Makkaroni Knutschi. Allerdings trugen die beiden Tiere keinen Regenmantel. Die übrigen Kinder schnappten sich die Regenschirme. Und los ging es.

„Du bist aber schwer …“, zischte Frieda, als sie mit Maxe auf den Schultern auf die Straße schwankte.

„Das sind alles Muskeln!“, entgegnete Maxe. „Na ja, und ein riesengroßes Erdnuss-Nutella-Marmeladen-Brötchen …“

„Schsch!“, zischte Frieda, denn nun waren sie in Hörweite von Herrn Müller. Maxe zog die Regenhaube tief in die Stirn. Seine Freundin lief, so schnell es ging, weiter.

Hinter ihnen erklangen Schritte.

„Guten Morgen, Herr Schulleiter!“, rief Karls Opa in diesem Moment. Höflich hob er den Hut.

Maxe riss erschrocken den Kopf herum und verlor das Gleichgewicht.

Mission: Die entführte Lehrerin 505.ZZZ.3/10

DIENSTAG, 27. JUNI

LBE:

1 graue Handtasche
1 grauer Pullover
1 paar graue Hosen
1 Damenperücke

13:55 UHR. MITTELHAUSEN. HAUPTBAHNHOF.

Habe soeben die Tasche platziert und Direktor Schnittlich abgelenkt. Da ich verkleidet war, haben sie mich zum Glück sofort verfolgt. Leider hat sich der unfreundliche Nachbar eingeschaltet. Hoffe sehr, Agent Zack kann sich selbst aus der Misere befreien.

MfG Insp. RR

Marktgeschrei

Maxe krallte sich in Friedas Haare. Dennoch rutschte sein rechtes Bein von ihrer Schulter. Frieda torkelte auf Herrn Müller zu, während Maxe mit den überlangen Regencape-Ärmeln durch die Luft ruderte. Schnell wie der Blitz sauste Makkaroni zwischen den beiden Männern hindurch. Mit einem vorwurfsvollen *Mau!* sprang Knutschi ab und rettete sich unter ein parkendes Auto. Derweilen stürmte der Labrador im Schweinsgalopp auf den Marktplatz zu.

„He, den Köter kenne ich doch!“, brüllte Herr Müller und wandte sich behäbig um.

Genau zur rechten Zeit – denn im nächsten Moment schwankten Maxe und Frieda haarscharf an ihm vorbei. Hinter ihnen kläffte Alfons immer lauter. Traufe hatte Mühe, ihn zu halten.
Karls Opa hielt die Hände an die Ohren und schüttelte den Kopf. „Kröte, welche Kröte?“ Verwirrt blickte er zu Alfons, der mit Traufe und Schnittlich im Schlepptau an ihm vorbei Richtung Marktplatz sauste. Offensichtlich hatte Alfons Makkaronis Fährte aufgenommen. „Rennen, haben Sie gesagt? Ich renne!“ Opa von Streichzapf trottete hintendrein.
Bumm! Die Kinder krachten gegen den Türpfosten von Elfriedes Süßigkeitenladen. Doch niemand bemerkte sie. Alle Aufmerksamkeit galt Makkaroni und seiner wilden Jagd durch die Marktstände.
„Was macht er denn da?“ Frieda hatte sich nach unten gebeugt, um Maxe sicher abzusetzen.
Der knöpfte das Cape auf und zerrte es von den Schultern. „Keine Ahnung, aber er hat uns mal wieder die Haut gerettet.“
Knutschi traute sich wieder unter den Autos hervor und strich Frieda um die Beine.

Der Markt war trotz des miesen Wetters gut besucht. Rings um die Kirche reihte sich ein Stand an den nächsten. Dazwischen tummelten sich die Bürger von Mittelhausen und erledigten ihre morgendlichen Einkäufe.
Gerade rasten Maxe und Frieda mit Knutschi an Mama Zacks Lieblingsblumenstand vorbei, als Maxe eine graue Tasche unter dem Verkaufstisch entdeckte.
Er machte eine Vollbremsung. „Kann das sein?“ Die Tasche kam ihm bekannt vor.
Er sah sich um. Frieda hatte eben Makkaroni erreicht, der am Marktbrunnen ein Stück heruntergefallenes Brot verschlang.
Von Schnittlich und Traufe war nichts mehr zu sehen.
Der Blumenverkäufer neben Maxe, ein dürrer kleiner Mann mit grüner Schürze und Kappe, bediente eben eine redselige Kundin mit Kleinkind auf dem Arm.
Auch die übrigen Leute gingen ihren Geschäften nach. Niemand schien sich zu fragen, was ein Junge seines Alters um diese Zeit hier tat.

Also schlich er auf die Tasche zu, die eingepfercht zwischen zwei Kübeln Schnittblumen stand.
Sie sah haargenau so aus wie die, die Penne auf der Klassenfahrt dabeigehabt hatte! Maxe kniete sich davor und zog am Reißverschluss.
Eine Hand packte ihn an der Schulter. „He, Junge, was fällt dir ein! Willst du die etwa stehlen?", rief eine vertraute Stimme.
Noch bevor Maxe sich herausreden konnte, wurde er hochgezogen und herumgewirbelt.
„DUUUUU?", brüllte Herr Müller so laut, dass Maxe regelrecht die Ohren klangen. Verzweifelt versuchte er, sich aus dem stählernen Griff des Nachbarn zu winden. „He, lassen Sie mich los, ich hab überhaupt nix gemacht!"
Aber Herr Müller hielt ihn mit eiserner Hand fest. Wäre Papa Zack nur nicht in Müllers Paket gefallen! Maxe zog und zerrte – doch vergebens.
Von Herrn Müllers Schreien angelockt, blieben im Nu die ersten Passanten stehen und auch der Blumenverkäufer kam angerannt. „Was ist hier los?", wollte er wissen. Verwirrt blickte er von einem zum anderen.

Maxe versuchte, sich so klein wie möglich zu machen. Hauptsache, Direktor Schnittlich und Hausmeister Traufe sahen ihn nicht!

„Der Junge, ich kenn ihn, der wollte Ihre Tasche klauen!“, wetterte Herr Müller und verdrehte Maxe dabei den Arm.

„Aua, Sie tun mir weh!“, schrie der.

„Sie tun dem Jungen weh!“, mischte sich nun auch die Frau mit dem Kleinkind ein.

„Die Tasche gehört überhaupt nicht mir“, sagte der Blumenverkäufer und hob Pennes Tasche hoch. „Die hat eine Kundin hier stehen lassen …“

„War das so eine kleine dünne, verschlafen aussehende Frau?“, rief Maxe aufgeregt dazwischen. „Wo ist sie hin?“

Der Blumenverkäufer nickte langsam. „Hm, ja, sie ging etwas gebückt. War das vielleicht deine Tante, Junge?“, fragte er gutmütig und musterte Maxe von oben bis unten. „Sie wollte, glaube ich, zum Bahnhof, zumindest ging sie in die Richtung.“

Maxe riss die Augen auf. War die Penne etwa nur verreist? Aber warum sollte sie dann ihre Tasche hier stehen lassen? Und war der blutbefleckte

Schuh nicht ein eindeutiger Hinweis, dass ihrer Lehrerin etwas zugestoßen war?

Herr Müller lief rot an. „Nein, niemals war das die Tante von diesem Bengel! Die kenn ich nämlich zufälligerweise!“, erwiderte er und hob mahnend den Finger. „Am besten, wir melden das Ganze der Polizei!“

„Jetzt machen Sie mal halblang, guter Mann …“, versuchte der Blumenverkäufer zu schlichten. „Ich kenne den Jungen doch … auf jeden Fall habe ich ihn schon öfters hier gesehen.“

„Ja genau! Und warum sollte er die Tasche stehlen? Das ist doch ein ganz normaler, netter Junge“, schaltete sich eine ältere Dame ein.

„Normal ist der ganz und gar nicht! Und außerdem: Warum bist du nicht in der Schule, du Bengel?“, brüllte Herr Müller, sichtlich in die Enge getrieben.

Die umstehenden Passanten verstummten. Maxe schluckte. Mist! Wo waren seine Klassenkameraden? Hoffentlich gut versteckt, denn es sah gerade gar nicht gut aus für ihn …

„Vielleicht macht seine Klasse einen Ausflug?“,

schlug eine Frau im getupften Regenmantel vor. Der Blumenverkäufer nickte und sah hoffnungsvoll zu Maxe.

„Nein, ich bin alleine hier, total alleine …“, sagte der schnell, auch wenn es ihm leidtat, den netten

Marktverkäufer zu enttäuschen. Doch er musste verhindern, dass nun alle Leute nach Kindern Ausschau hielten. „... aber die Tasche klauen wollte ich trotzdem ni–"

Gooooock! Ein Huhn schrie. *Gooooock!* Und noch eines.

Die Leute reckten die Hälse. Da rumpelte es laut. Am Marktstand mit der Aufschrift *Frische Eier* brach Chaos los.

Einige Hühner waren aus ihren Käfigen ausgebrochen und flatterten nun gackernd umher. Ein braun gesprenkeltes Huhn stieß dabei mit dem vollbeladenen Einkaufskorb einer hageren alten Dame zusammen. Erschrocken ließ die ihre Einkäufe fallen. Alles rollte über den Boden.

Doch das war erst der Anfang!

„Oh nooo ...", entwich es Maxe, der das Unglück schon kommen sah. Makkaroni hatte die Hühner erspäht, riss sich von Frieda los und preschte davon.

„Makkaroni – nicht!", schrie Frieda noch, bevor sie wieder hinter dem Brunnen in Deckung ging. Makkaroni bellte freudig und schnappte in die

Luft. Die letzten beiden Hühner entflohen aus ihrem Käfig und stoben davon. Der Labrador stürmte hinterher.
Einen Moment lang starrte Maxe verdattert seinem Hund nach. Dann kam Bewegung in ihn, denn Herr Müller hatte vor lauter Schreck losgelassen. Das war Maxes Chance!
In Sekundenschnelle tauchte er ab und verschwand hinter dem Blumenstand. Ungesehen schaffte er es, zwischen den Marktständen hindurch Makkaroni zu folgen. Plötzlich bemerkte er auch die anderen Kinder, die sich überall auf dem Marktplatz versteckt hatten. Suse und Karl kauerten hinter einem Sack Kartoffeln. Elinore hatte sich zwischen ein paar Gemüsekisten gesetzt und Pascal lag bäuchlings unter dem Käsestand.
Alle Kinderaugen waren auf Maxe gerichtet. Unauffällig deutete er mit der Hand seinem Hundekumpel hinterher. Er musste ihn einfangen – bevor er eines der Hühner zum Mittagessen verspeiste.
Mit eingezogenen Köpfen rannten die Kinder den fliehenden Tieren hinterher. Glücklicherweise

lenkte der Tumult um die Tiere die Wochenmarktbesucher ab, sodass niemand auf die Kinder achtete.

Maxe umrundete die Kirche. „Ahhh!“

Beinahe wäre er mit Frieda und Knutschi zusammengestoßen. „Maxe, puh!“ Sie grinste erleichtert. „Hast du mich erschreckt.“

„Los, schnell, wir müssen Makkaroni aufhalten!“

Er packte Frieda am Arm und zog sie mit sich. Gemeinsam sprinteten sie dem Labrador hinterher, der die Hühner in Richtung Bahnhof trieb.

„Wenn er die Hühner zerlegt, sind wir richtig angeschmiert.“

„Und was ist mit Frau Penne?“, keuchte Frieda im Laufen.

Inzwischen hatten sie den Bahnhof erreicht.

„Die muss erst mal –“ Maxe stockte.

Die Hühner flatterten direkt auf die Gleise zu. In der Ferne ertönte ein schrilles Pfeifen.

„Oh no, der Touri-Dampfer ist im Anrollen!“

Schon kam der alte Mittelhausener Bummelzug in Sicht. Eine andere Bahn gab es in dem Ort auch nicht, dafür war Mittelhausen viel zu klein und abgelegen. Doch egal, ob langsam oder schnell, kräftig war die alte Dampflok allemal!

Maxe beschleunigte, gab noch mal alles. Schweiß, vermischt mit dem Wasser des Nieselregens, rann ihm den Nacken runter. Seinen Hundekumpel fest im Blick – der wiederum nur Augen für das gackernde Federvieh hatte –, raste er am Wartesaal des Bahnhofs vorbei. Hinter den beschlagenen Fensterscheiben zeichneten sich die dunklen Schatten der wartenden Fahrgäste ab. Maxe duckte sich unter dem Schalter des Kartenverkäufers hindurch und schoss auf den Bahnsteig zu.

Da es immer noch regnete, war niemand draußen.

Trööööt!, meldete sich die Lok noch einmal.

Panisch blickten Maxe und Frieda den Bahnsteig hinab. Makkaroni stand in der Mitte und schaute den Hühnern auf den Gleisen hinterher.

„Oh nein“, rief Frieda und erstarrte.

„Makkaroni! Komm her!“, schrie Maxe und seine Stimme überschlug sich vor Aufregung.

Doch der Labrador hörte ihn nicht. Mit einem Satz sprang er den Hühnern nach und jagte sie die nass glänzenden Gleise entlang. Direkt auf den Zug zu.

Frieda raufte sich die Haare. „Schnell! Wir müssen was tun, sonst passiert ein Unglück!"

Sein bester Kumpel war in Lebensgefahr! Maxes Herz raste wie verrückt. Dann tat er einfach das Nächste, was ihm in den Sinn kam: Er hüpfte ebenfalls auf die Gleise!

„Maxe, bist du verrückt?!"

Stolpernd landete er auf der vorderen Schiene, knickte um und donnerte der Länge nach zu Boden.

Auuuutschiii! Das hatte gesessen. Ihm blieb kurz die Luft weg.

Tuuuuut!, heulte die Lok.

Stöhnend rollte sich Maxe zur Seite. Irgendwie lief es gerade nicht besonders gut für ihn … Sterne tanzten vor seinen Augen und die Schulter schmerzte. Blinzelnd versuchte er aufzustehen. Mit der Rechten stützte er sich auf den schweren Holzbalken eines Prellbocks, zog sich hoch und stutzte. Fassungslos blickte er unter dem Balken hindurch.

Mission: Die entführte Lehrerin 505.ZZZ.3/11

DIENSTAG, 27. JUNI

LBE:

1 Set Scherzfragen
10 „Witze leicht erzählt"-Bücher
12 Schokoriegel

15:00 UHR. MITTELHAUSEN. ALTE MÜHLE.

Das macht doch keinen Spaß! Diese Mission ist wirklich nicht zum Lachen. Hoffentlich werden es die Spezialagenten Zack und Geratwol bald hierherschaffen. Eine Prüfung nach der anderen geht schief. Sapperlot! Aber noch ist nichts verloren. Die Kinder haben vielleicht ein wenig mehr Glück als ich. Melde mich, wenn es neue Erkenntnisse gibt.

MfG Insp. RR

Gammelbrot mit Käse

Friiiiieda!“, brüllte Maxe aus Leibeskräften. In seinem Rücken heulte der Zug. Die Zeit lief ihm davon. Vor ihm, direkt hinter dem Prellbock auf einem kurzen Abstellgleis, stand schon wieder der Aktenschrank! Schon wieder! War das denn möglich? Maxe konnte sein Glück kaum fassen. Auf den Schubladen erspähte er die vertrauten kleinen Zahlen und die Buchstaben LBE. Maxe keuchte. Doch wie um alles in der Welt sollte er den Schrank noch rechtzeitig aufbekommen? Frieda verschwendete keine Sekunde. Mit einem gewagten Satz sprang sie vom Bahnsteig.

„Was hast du vor?“, rief Maxe schrill.
Aber da holte Frieda auch schon aus und trat mit ihrem Turnschuh, so fest sie konnte, gegen eine der untersten Schubladen des Aktenschranks.
„Keine Zeit für schlaue Einfälle!“, antwortete sie.
Der Schrank rasselte und die Schublade sprang auf.
„… na so kann man es auch machen“, grinste Maxe begeistert, sprang um den Prellbock herum und blickte ins offene Fach.
„Igitt!“, schrie Frieda und wich zurück.
Maxe hielt sich den Ärmel vor die Nase. „Bäh, was ist denn das Ekliges?“
Fauler Geruch entströmte der Schublade.
Frieda musste husten. „Gammelkäse?“ Das offene Fach war vollgestopft mit ranzigen Pausenbroten.
„Sieht aus wie in meiner Schultasche nach den Sommerferien …“, grinste Maxe.
Tröööt!, heulte der Zug.
Die Kinder rissen die Köpfe hoch. Knutschi miaute in Friedas Jacke und kämpfte sich frei.
Der Zug tuckerte direkt auf Makkaroni und die Hühner zu. Immerhin flatterten die Tiere inzwischen wieder in Richtung Bahnhof.

Knutschi sprang aus Friedas Jacke direkt in die offene Aktenschublade. Gierig verschlang sie ein altes Stück Käse.
„Bääh!", riefen die Kinder wie aus einem Mund.
Das störte die verfressene Katze jedoch wenig. Genüsslich verspeiste sie das Gammelbrot.
„Deine Katze ist ja noch schlimmer als mein –"
Maxe brach ab. Plötzlich erhellte ein freudiges Strahlen sein Gesicht. „Haha", lachte er und griff beherzt nach einem Brot.
Frieda musste würgen. „Maxe!" Angeekelt hob sie Knutschi aus dem Fach.
Doch Maxe ließ sich nicht beirren. Mit dem gammeligen Brot in der Hand lief er auf Makkaroni und die Hühner zu. „Kommt, putt, putt, komm, Makkaroni, Kääääase!!!" Sein Hund wackelte kurz mit den Ohren, hielt die Nase in die Luft und hüpfte dann fröhlich auf sein Herrchen zu. Den Zug bereits im Nacken.
Maxe pfefferte das Gammelbrot ins Gras neben den Gleisen, bevor er sich selbst auf den Bahnsteig rettete. Sofort stürzten sich Makkaroni und die Hühner auf die Brote. Bellend und gackernd

verschwanden sie im hohen Gras. Gerade noch rechtzeitig! Denn im nächsten Moment fuhr ratternd und schnaufend die alte Dampflok in den Bahnhof ein.

„Puuuuhhhh!“ Maxe atmete gerade auf, als sich bereits neue Schwierigkeiten anbahnten.

„Hey, Maxe!“ Schimpfend stolperte Karl auf den Bahnsteig. „Was dauert denn hier so lange? Mir reicht es jetzt aber wirklich total!“

Im Gänsemarsch folgten die anderen Kinder dem Klassensprecher.

Alarmiert riss Maxe die Augen auf. Wenn die Klasse nicht sofort abtauchte, würde man sie entdecken! Aufgeregt fuchtelte er mit den Armen.

„Kommt, wir verstecken uns da drüben!“ Maxe deutete zur Wiese, wo eben auch schon die Tiere verschwunden waren.

Der Zug war mittlerweile zum Stehen gekommen. Auf der Höhe des Wartesaals öffnete der Schaffner die Türen.

Wie immer viel zu langsam, schlurften Maxes Mitschüler über den Bahnsteig. Elinore ließ lustlos den Kopf hängen, Pascal beäugte neugierig das

restliche Gammelbrot und Suse hatte Angst vor Gras. „Da gibt es doch Käfer und Mücken!“, jammerte sie.
Doch nach und nach schafften es alle Kinder, um den Zug herum auf die Wiese zu schleichen.
Sofort ließ sich Karl fallen. „Mir reicht's!“, rief er noch einmal und streckte die Beine aus. „So finden wir die Penne niemals, sondern werden höchstens geschnappt!“
Einige Kinder nickten zustimmend.
Maxe blies die Backen auf und kraulte Makkaroni die Ohren. Eigentlich war ihr kleiner Ausflug doch schon ganz spaßig gewesen … Hoffnungsvoll sah er zu Frieda. Nur leider schien selbst seine beste Freundin eher gestresst zu sein.
„Wir müssen hier weg! Wenn der Zug wieder losfährt, finden die uns doch!“ Unruhig spähte sie zwischen den Waggons hindurch.
Eben tauchten auf dem Bahnsteig zwei Männer mit Hund auf.
Frieda keuchte. „Oh nein, Schnittlich und Traufe sind zurück!“
Da wurde auch Maxe nervös. Er blickte über die

Wiese hinter den Gleisen. Hier hörte die kleine Ortschaft auf. Es gab nur noch eine heruntergekommene Wassermühle und einen weitläufigen Bauernhof, bevor in einiger Entfernung der Wald begann. Mittendurch schlängelten sich die Eisenbahnschienen.

Dicke Regenschwaden hingen über den Feldern. Geisterhaft erhob sich die Wassermühle aus dem Nebel.

Plötzlich stockte Maxe der Atem. „Frieda, schau doch mal, da drüben!“, flüsterte er und deutete mit der Hand in Richtung Mühle. „Das ist das einzige leer stehende Gebäude weit und breit. Könnte es nicht sein, dass Frau Penne dort gefangen gehalten wird?“

„Genau! Wie in *Die Mördermühle*. Habt ihr den gesssehen?“, warf Pascal ein, der Maxes Blick gefolgt war.

Tröööt!, gab der Zug das Signal zur Abfahrt und die Kinder fuhren erschrocken herum.

„Mist, er fährt wieder los! Gleich werden sie uns sehen!“, rief Frieda und sah zu Maxe. „Und jetzt?“ Langsam setzte sich die Lok in Bewegung. Maxe überlegte angestrengt. Schnaufend nahm die Bahn Fahrt auf. „Wir müssen aufspringen!“, schrie er aufgeregt. Genau, das war die Lösung! „Solange wir hinter dem Zug bleiben, kann uns vom Bahnhof aus niemand sehen!“

In dem Moment heulte Suse auf: „Ich hab meinen pinken Haarreifen verloren! Und mein rosa Halstuch ist auch weg! Ich muss sofort zurück und es suchen!“

Hektisch blickte Frieda zwischen Suse und Maxe hin und her. Der lief schon los. „Wir haben keine Zeit! Kommt schon!“ Makkaroni hüpfte ihm bellend hinterher. Mit einem gewagten Satz sprang Maxe am Zug hoch, griff nach einer der Haltestangen und landete sicher auf dem Trittbrett. Rauch wehte ihm ins Gesicht und er sah zurück. In einem weiten Bogen dampften sie gemächlich der Wassermühle und dem Bauernhof entgegen. Trotzdem war er überrascht zu sehen, dass es auch Frieda mit Knutschi, Felix, Pascal und Suse auf den Zug geschafft hatten. Makkaroni joggte nebenher. Das kurze Stück bis zur Mühle würde er locker mithalten können.

Maxe beobachtete Karl und Elinore, die noch immer im Gras saßen. Doch plötzlich kam Bewegung in die beiden, als die letzten Waggons an ihnen vorbeituckerten.
„Hahaha!", platzte Maxe lachend heraus. Die beiden Schnarchnasen sahen aber auch wirklich zu komisch aus, wie sie da durchs Gras hüpften! Auch Felix gackerte los und hatte folglich Mühe, sich auf dem Trittbrett neben Frieda zu halten.

Endlich hatten es alle Kinder geschafft! Pascal und Anton jubelten begeistert, als der Zug in der Kurve noch beschleunigte. Makkaroni musste mittlerweile richtig sprinten, um dranzubleiben.

„Macht euch bereit zum Absprung!“, brüllte Maxe nach hinten. Gleich würde der Zug in Richtung Bauernhof weiterfahren. Ein Blick zurück verriet ihm, dass Mittelhausen inzwischen in einer Nebelschwade verschwunden war. Bingo! Niemand würde sie sehen, wenn sie zur Mühle liefen.
Makkaroni bellte aufgeregt. Doch selbst seine kraftvolle Hundestimme vermochte es nicht, gegen den dichten Nebelvorhang anzukommen. Die gedämpften Geräusche waren das Letzte, was Maxe vernahm. Dann sprang er ab.
„Ahhhhh!“, schrie er und flog durch die Luft, mitten in den Acker. Einen Sekundenbruchteil kam er auf den Füßen zum Stehen, dann rutschte er im Morast aus und segelte in den Dreck.
„Waaaahhhh!“, hörte er hinter sich nun auch Frieda brüllen und schon im nächsten Moment schlitterten Pascal und Anton in ihn hinein.
„Bäh, hier ssstinkt’sss nach Gülle!“, prustete Pascal und rollte sich zur Seite.
Wenn Maxe geglaubt hatte, der Nebel würde sämtliche Geräusche verschlucken, hatte er die Rechnung ohne Suse gemacht.

Kreischend fiel sie in den Matsch. „Iiiih, iiiiich bin dreeeeeckig!“, heulte sie so laut wie eine Sirene. Und tatsächlich hatte es Suse besonders schlimm erwischt. Ihre rosarote Strumpfhose war von oben bis unten mit grünbraunem Schlamm bedeckt.
Sofort kicherte Felix los. Er hatte auch gut lachen, denn ihm war es als Einzigem gelungen, unbeschadet auf den Füßen zu landen. Lange konnte er sich allerdings nicht freuen, denn im nächsten Moment kam Elinore und nietete ihn über den Haufen.
Klatsch! Als Letztes schlug Karl mit dem Hosenboden voran im Acker ein.
Makkaroni war begeistert. Schlingernd und schlitternd tobte er zwischen den Kindern umher und versuchte, sie zu einer Schlammschlacht anzustacheln. Leider ohne Erfolg.
Glucksend tätschelte Maxe seinem Hund den Kopf. „Ist ja gut, Kumpel, jetzt müssen wir erst mal die Penne finden!“
Wie aufs Stichwort zog Makkaroni einen schlammigen Gegenstand aus dem Morast und ließ ihn vor Maxes Füße fallen.

„Iiih, was hast du denn da? Aus, Makkaroni“, befahl Maxe und beäugte die Beute seines Hundefreunds. Das war doch … ein Schuh … ein klobiger Damenschuh! Maxe spürte, wie er blass wurde. „Leute! Alle mal hergehört!“, rief er. Seine Stimme zitterte. „Wir sind auf der richtigen Spur. Makkaroni hat eben Frau Pennes zweiten Schuh gefunden!“

Mission: Die entführte Lehrerin 505.ZZZ.3/12

DIENSTAG, 27. JUNI

LBE:

2 Pizzen zum Snacken für zwischendurch
1 Agenten-Outfit
1 Notizblock mit Stift

15:35 UHR. MITTELHAUSEN. ALTE MÜHLE.

Letzter Teil der Prüfung. Witze erzählen. Kennen Sie den schon? „Geht ein Mann um die Ecke, was fehlt?" Schweigen. Pause. Ich muss schon gähnen. „Na, der Witz. Das ist doch witzig, oder?" – „Also, es sei denn, man ist der Mann. Denn man weiß ja nie, wer einem hinter so einer Ecke auflauert. Oder nicht?" Zum Quieken.

MfG Insp. RR

Lieblingslehrer-sonderscheinprüfung

Mit einem mulmigen Gefühl im Bauch liefen die Kinder am Bach entlang auf die Mühle zu. Gerade wollten sie den kleinen Staudamm überqueren, als sich das Tor des alten Gemäuers öffnete und ein Mann mit Schirmmütze heraustrat. Eilig ging er zu einem kleinen Lieferwagen und brauste davon.

„Dasss musss der Entführer gewesssen sssein!“, lispelte Pascal aufgeregt.

„Ich hab Angst“, heulte Suse.

Maxe überlegte. Ganz in der Nähe hatten sie den Schuh der Lehrerin gefunden. Wer sonst sollte sich hier draußen herumtreiben? Schließlich stand die Mühle schon seit Jahren leer! „Dann kommen wir genau im richtigen Moment“, stellte er fest. „Jetzt ist die Luft rein!“

Über den Staudamm gelangten die Kinder trockenen Fußes hinüber zur Mühle.

„Dasss issst voll die Bruchbude!“, meinte Pascal und spähte durch ein verstaubtes Fenster.

„Es ist so gruselig hier!“, jammerte Suse. „Können wir nicht zurück ins Dorf gehen?

„Was, wenn es mehrere Entführer sind?“

„Und was, wenn die Penne hier eingesperrt ist und unsere Hilfe braucht?“, rief Maxe aufgebracht. So langsam reichte es ihm wirklich! Er war sicher kein riesiger Fan ihrer Klassenlehrerin, aber das war noch lange kein Grund, sie im Stich zu lassen! Entschlossen packte er den Griff des Torflügels.

„Warte!“, stieß Frieda hervor. „Es könnte eine Falle sein!“

Maxe sah in die schreckgeweiteten Augen seiner Mitschüler und schüttelte den Kopf. „Dann gehen wir eben alleine. Makkaroni und ich kommen schon klar.“ Enttäuscht presste er die Lippen zusammen. Zumindest von Frieda hätte er erwartet, dass sie ihm half!

„Warte!“ Frieda hielt ihn zurück. „Wir gehen alle zusammen. Aber wir sollten uns besser bewaffnen! Was habt ihr dabei? Zeigt mal her!“

Zögerlich durchsuchten die Kinder ihre Taschen und Rucksäcke.

„Wasss issst damit?“ Pascal hielt Frieda seinen Zirkel unter die Nase, die Metallspitze voraus.

Frieda wich zurück. „Super! Pass aber auf, dass du keinen von uns damit aufspießt!“

Ängstlich zückte Suse ihr mit Glitzer verziertes Geodreieck. „Das tut sicher weh, wenn man’s abkriegt …“

„Ich habe das hier!“, drängte sich Karl nach vorne, in der Hand ein Holzlineal.

Elinore fischte zwei lange Nadeln aus ihrer Schultasche.

„Was ist denn das bitte?“, rief Maxe erschrocken. Manchmal war Elinore ganz schön gruselig.

Sie verdrehte die Augen. „Stricknadeln. Ich stricke manchmal, wenn ich ganz viel Langeweile habe …“

Maxe nickte. „Okay, prima …“ Er straffte die Schultern. „Also los, lasst uns jetzt –“
„Ich muss nur noch kurz die Brille wechseln“, sagte Anton und zog eine Brille mit getönten Gläsern aus einer der vielen Hüllen.
„Gut“, nahm Maxe den Faden wieder auf. „Sind dann alle so weit?“ Prüfend blickte er in die Runde. Die bewaffneten Kinder starrten ihm mit grimmiger Miene entgegen. „Schön. Dann lasst uns jetzt endlich die Penne befreien!“
„Aber leise!“, mahnte Frieda. „Und bleibt zusammen …“
Karl schob Frieda mit seinem Lineal zur Seite. „Okay, Leute, auf geht es und zusammenbleiben!“, befahl er und drängelte sich wichtigtuerisch nach vorne. „Ich bilde mit Maxe die Vorhut.“
Maxe und Frieda sahen sich an. Frieda grinste. „Na, dann also los!“
So leise wie möglich drückte Maxe einen Torflügel auf. Dennoch konnte er es nicht vermeiden, dass die altersschwache Tür in den Angeln quietschte. Die Kinder spähten ins Innere der Mühle. Der kalte Lehmboden war übersät mit Müll und

Schutt. Überall lag etwas, das offensichtlich nicht dorthin gehörte. Ein paar alte Tennisschuhe, ein kaputtes Paddel, leere Fässer. Und Pizzakartons. Mit Pizza. Maxe runzelte die Stirn. „Die Pizza ist frisch!", stellte er fest und schnüffelte. „Sogar noch warm!"

„Woher willssst du dasss denn wisssen?", krächzte Pascal hinter ihm. Die Spitze seines Zirkels schob sich gefährlich nahe an Maxes Ohr vorbei.

„Ich rieche geschmolzenen Käse … uupppsiii!" Makkaroni warf Maxe fast um, als er sich auf die Pizzakartons stürzte.

„Vorsssicht! Die könnten vergiftet sssein! Dasss war in *Die Mördermühle* genaussso", rief Pascal aufgeregt.

Sofort nahm Frieda Knutschi auf den Arm, deren Nase schon freudig zuckte.

„Mist!" Maxe bahnte sich eilig einen Weg durch den Schutt, während Makkaroni hastig eine Vier-Käse-Pizza verschlang. In dem Moment fiel ein Lichtstrahl auf ihn. Erschrocken taumelte er rückwärts.

„Seht mal, da oben!“, quiekte Suse.
Die Klasse blieb wie angewurzelt stehen.
Gegenüber dem Tor lehnte eine Hühnerleiter, die auf eine zweite Ebene führte. Dort befand sich eine weitere Tür, durch die auf einmal Licht fiel.
Maxe erstarrte. Makkaroni nutzte die Gelegenheit und fraß auch noch genüsslich die Salamipizza.
„Da kommt wer!“, keuchte Frieda. Eine dunkle Gestalt mit Hut trat aus der Tür. Die Hände links und rechts neben den Taschen, sah es aus, als würde sie jeden Moment die Pistolen zücken.
Ängstlich drängte sich die Klasse zusammen.
„Das ist bestimmt der Entführer!“, wimmerte Suse.
„Vielleicht wird sssie ja gerade gefoltert wie in –“, sprudelte Pascal los. Doch er verstummte, als ihm Frieda einen bösen Blick zuwarf.
Kurz entschlossen kraxelte Maxe die Leiter hinauf.
Das Holz knarzte ein wenig, aber der Schatten in der Tür rührte sich nicht.
„Maxe? Bist du jetzt total übergeschnappt?“
Friedas Stimme überschlug sich vor Aufregung.
Maxe beachtete sie nicht. Plötzlich hatte er einen ungeheuerlichen Verdacht!

Oben angekommen, spähte er vorsichtig über die Kante der Leiter. Verdutzt riss er die Augen auf und wäre dabei um ein Haar wieder hinuntergepurzelt, wenn ihm nicht ausgerechnet Karl todesmutig gefolgt wäre!
Wie die Hühner auf der Stange verharrten die beiden Jungs mit klopfendem Herzen auf der Leiter.
„Was siehst du?", zischte Frieda und kraxelte hinterher.
Doch Maxe antwortete nicht.
Langsam bewegte sich der Schatten auf ihn zu.
„Da sind Sie ja endlich, Herr Zack!", ertönte die altbekannte Stimme. Der Mann hob den Hut und grüßte die Kinder. „Genau zur rechten Zeit. Wir haben euch bereits erwartet."
Keiner rührte sich.
„Rasssputin Rumpusss!", schrie Pascal durch die plötzliche Stille.
Maxe rappelte sich auf und trat dem Inspektor entgegen. „Wo ist unsere Lehrerin?" Was war hier los? Hatte der Inspektor etwas mit Frau Pennes Verschwinden zu tun? Oder war er vielleicht hier, um … Maxe wollte den Gedanken nicht zu Ende

denken. „Geht es ihr gut? Was machen Sie hier überhaupt?!“, bombardierte Maxe den Inspektor mit Fragen.

„Kinder, Kinder, es tut mir wirklich leid, aber …“ Der Inspektor rang die Hände.

„Maximilian Zack?“, krächzte es plötzlich aus dem Raum hinter Rumpus.

Bevor Maxe reagieren konnte, stürmte Karl los. „Lassen Sie mich durch, ich bin der Klassensprecher!“ Im Rennen durchbohrte er den Inspektor beinahe mit seinem Lineal. „Frau Penne! Ich komme!“, rief er atemlos.

Ungestüm drängten sich nun alle Kinder die Hühnerleiter hinauf und an Inspektor Rumpus vorbei. Selbst Maxe ließ ihn einfach links liegen und stürzte in den Raum.

Zu seiner Überraschung war hier oben alles sauber und aufgeräumt. An den Wänden stapelten sich ordentlich ein paar Kisten, Körbe und Metallbottiche. In der Mitte stand lediglich ein Tisch mit Stuhl. Dort saß Frau Penne und ihre Füße steckten in Gummistiefeln. Mit aschfahler Miene blickte sie ihren Schülern entgegen.

„Frau Penne! Sie brauchen keine Angst mehr zu haben!“ Karl bremste scharf vor dem Tisch ab. „Ich bin ja jetzt da!“
„Frau Penne!!! Was machen Sie denn hier?“, heulte Suse los. „Warum haben Sie uns allein gelassen?“
„Zzzum Glück leben Sssie noch …“, lispelte Pascal. „*Die Mördermühle* hat keiner überlebt.“
Verwirrt starrte Frau Penne von einem Schüler zum anderen und lächelte dabei schwach. „Ich … äh … ich war doch …“
Vor ihr türmten sich Hefte und Bücher. Maxe riss erstaunt die Augen auf. Das waren ja alles Comics! Neugierig verdrehte er den Hals, um besser lesen zu können. Ein dicker Schinken mit Kinderwitzen – genau die Art von Büchern, die schon seit dem 19. Jahrhundert oder so auf der Schwarzen Liste der Schnittlich-Schule standen!
Frau Penne seufzte tief. „… ich war hier und habe diese BfLb-Sonderlehrer…lieblingsprüfung … ähm Scheinlehrer…sonderprüfung …“
„Frau Penne hat leider bisher sämtliche Prüfungen des BfLb-Lieblingslehrersonderscheins nicht bestanden“, verkündete der Inspektor bedauernd.

„Nicht einmal Toastbrot mit Marmelade konnte sie machen! Wir mussten den Pizzaservice rufen … Wo bleibt der eigentlich?“
„Laut dem Schnittlichen Schulregularium sind Brote mit schmackhaftem Belag strengstens verboten …“, verteidigte sich Frau Penne mit schwacher Stimme.
Der Inspektor schenkte ihr keine Beachtung. „Wenn sie die letzte und wichtigste Aufgabe ebenfalls vermasselt, wird sie leider nicht mehr als Lehrerin fungieren können.“
„Was soll das heißen?“, fragte Frieda scharf. „Wir brauchen sie aber, sie ist unsere Klassenlehrerin!“
Selbst Maxe wurde mulmig zumute. „Wir können auf keinen Fall weiter bei Direktor Schnittlich Unterricht haben! Das überleb ich nicht.“
Der Inspektor sah mit ernster Miene in die Runde. „Dann müsst ihr mir eben helfen, Kinder, und sicherstellen, dass Frau Penne besteht.“
„Was müssen wir tun?“, rief Elinore laut. „Sagen Sie es einfach, wir machen alles!“
Verdutzt tauschten die Kinder einige Blicke. So hellwach hatten sie Elinore noch nie erlebt!

Rasputin Rumpus hob die Hand. „Ruhe bitte. Es ist keine leichte Aufgabe!“
„Das ist eindeutig ein Fall für den Klassensprecher!“, mischte sich Karl ein. „Ich übernehme die Aufgabe und Sie können schon mal den Lehrerliebling-Sonderschein ausstellen. Ich –“
„Schsch“, unterbrach ihn der Inspektor. „Das ist keine Aufgabe für einen Schüler. Ihr alle seid gefragt.“
„Nun sagen Sie schon, was ist denn die Aufgabe?“ Langsam verlor Frieda die Geduld.
Der Inspektor warf ihr einen durchdringenden Blick zu. „Ihr müsst sie zum Lachen bringen.“
Einen Moment herrschte ratlose Stille im Raum. Dann meldete sich eine piepsende Stimme zu Wort: „Aber an der Schnittlich-Schule darf nicht gelacht werden, Regel Nr. 1.“
„Ich habe hier das Sagen!“ Zum ersten Mal wurde der Inspektor laut.
Die Kinder verstummten erschrocken.
„Schön!“ Rasputin Rumpus’ Mundwinkel umspielte ein Lächeln. „Dann mal los! Wer kennt einen guten Witz?“

Sofort schoss Felix los: „Mama Känguru hüpft durch die Wüste. Aus ihrem Beutel guckt ein schwitzendes Pinguinkind, verdreht die Augen und keucht: ‚Blöder Schüleraustausch!'"
Maxe kicherte. Den kannte er schon. Auch die anderen Kinder lachten und Felix selbst gackerte so laut wie alle Schüler zusammen. Erwartungsvoll schauten sie zu Frau Penne.
Doch ihr Gesicht blieb ausdruckslos. „Das verstehe ich nicht. Pinguine gehen doch gar nicht zur Schule!"
„Ohhhh Mann …" Kopfschüttelnd tauschte Anton die getönte Brille gegen ein Paar normale Gläser.
Frieda seufzte. „Lasst mich mal … wir müssen nur ihren Humor treffen." Sie grübelte eine Weile, dann legte sie los: „Die Lehrerin fragt ihren Schüler: ‚Fritzchen, wie kommt es, dass deine Hausaufgaben plötzlich alle richtig sind?'" Frieda machte eine kleine Kunstpause. „‚Mein Vater ist zur Kur!'"
Angespannte Stille. Keiner traute sich zu lachen, alle starrten nur die Penne an. Um ihre Mundwinkel zuckte es leicht. Doch dann

schüttelte sie traurig den Kopf. „Darüber macht man keine Scherze, Frieda! Der arme Vater des Jungen hat offensichtlich eine Lernschwäche."
„Boaheeeehhhh!", heulte Maxe.
„Das war megalustig!", rief Felix und hielt sich den Bauch vor Lachen.
Frieda sah aus, als würde sie gleich in Tränen ausbrechen. „Frau Penne! Sie müssen diese Prüfung bestehen!!!"
Der Inspektor schaltete sich ein. „Okay, Kinder, ein letzter Witz. Wer möchte?"
Die Kinder sahen sich verunsichert an.
Maxe schluckte. Witze waren nicht unbedingt seine Stärke … er verdrehte sie immer irgendwie, sodass sie am Ende gar nicht mehr so lustig waren, wie er sie in Erinnerung hatte.
„Ich mach's!", rief Karl.
Oh no! Das war keine gute Idee. Karl war so unlustig wie ein Flachwitz. Sie waren geliefert! Jetzt würden sie für den Rest ihres Lebens bei Schnittlich –
„Kennt ihr schon den kürzesten Witz der Welt?", platze Karl heraus.

„Nee … sag schon, Mann!“ Felix kaute vor Aufregung auf seinen Fingernägeln.
„… schon vorbei!“, lachte Karl.
Außer ihm lachte niemand. Die Kinder waren wie erstarrt.
„Das ist nicht witzig …“, sagte Felix traurig.
Frieda schloss die Augen. Das war's! Ihr Schicksal war besiegelt.
Doch da passierte es!
„Hahahaha!!!!“ Frau Penne kicherte ein wenig.
„… schon vorbei! Das ist echt gut …“ Sie klopfte sich auf die Oberschenkel. „Hahahaha!“ Ihr Gelächter wurde lauter.
„Ist hier jemand?“, krächzte in dem Moment eine Stimme von unten.
Maxe fuhr herum. Die Tür zur Treppe war noch immer offen.
„Das ist Traufe!“ Frieda schluckte. „Sie haben uns gefunden!“
Auch der Inspektor hatte ihn gehört. Langsam trat er zur Tür und gab ihr einen leichten Stoß, sodass sie zuschwang.
Doch die Klassenlehrerin lachte mittlerweile so

schallend laut, dass es bis zum nächsten Bauernhof zu hören sein musste.
„Hallo, wer ist da bitte? Geben Sie sich zu erkennen!“, tönte eine zweite Stimme von unten.
Direktor Schnittlich!
Die Hühnerleiter knarzte.
Das gierige Hecheln verriet Maxe, dass auch Alfons dabei war. Auweia! Was, wenn der Hund sie erschnüffelte?
Makkaroni wurde unruhig und begann zu winseln.
„Leise, Kumpel, ich pass schon auf, dass das fette Ungetüm dir nicht zu nahe kommt!“, flüsterte Maxe, während er seinem Hund besänftigend den Kopf kraulte.
„Los, Kinder! Ihr müsst euch verstecken.“ Der Inspektor deutete auf die an der Wand gestapelten Kisten, Körbe und Metallbottiche. Eilig gingen die Kinder in Deckung.
Keine Sekunde zu früh! Da öffnete sich die Tür und Alfons stürmte herein.
„… schon vorbei!“ Die Stimme der Lehrerin dröhnte schrill über den Dachboden. „Hahaha!“
Traufe und Schnittlich blieben wie angewurzelt

stehen. „Frau Penne? Sind Sie das?" Ungläubig starrte sie der Schulleiter an. „Was machen Sie denn hier?" Mit gerümpfter Nase blickte er über den Rand seiner Brille, die weder rund noch eckig war. „Sind Sie krank … meine Allerwerteste?"
Frau Penne antwortete nicht. Sie lachte bloß.
Traufe beugte sich über die Lehrerin.
Schnittlich hielt sich die Hand vor den Mund. „Ist das ansteckend?", fragte er argwöhnisch.
„Ja, ja, ich glaube schon", röchelte Traufe und musterte die Klassenlehrerin mit zusammengekniffenen Augen.
Maxe und Frieda verzogen das Gesicht. Die arme Penne! Der Hausmeister roch schon von Weitem nach Gurkensalat, von Nahem war das sicher unerträglich.
In Zukunft würde Maxe der Penne ein paar Streiche weniger spielen, das nahm er sich fest vor. Schließlich hatte sie mit Traufe und Schnittlich genug Pech!
„Am besten, wir bringen sie in ein Krankenhaus!", überlegte der Hausmeister und sah zum Direktor.
„Ja, ja, machen Sie, was Sie für richtig halten, ich

muss dann mal zurück in die Schule … jetzt, da die Lehrerin wieder aufgetaucht ist … äh … kann ich die Kinder aus dem Klassenzimmer lassen. Es wird langsam spät!“, verkündete der Schulleiter und wandte sich eilig der Treppe zu.

Maxe erstarrte zu Stein. Entsetzt sog Frieda die Luft ein. Mist! Wenn Schnittlich schnurstracks zur Schule lief, würden sie niemals vor ihm wieder im Klassenzimmer sein. Sie waren geliefert! Hundefutter! Kloputzdienst …

Makkaroni winselte leise. Erschöpft sah Maxe seinem Hundekumpel in die Augen und nickte. Ja, genauso elend fühlte er sich auch. Bei dem Gedanken, seine Klasse schon wieder in Schwierigkeiten gebracht zu haben, hatte er echt ein schlechtes Gewissen! Gehetzt beobachtete er, wie Traufe die kichernde Lehrerin abführte.

Unten wurde das Tor aufgerissen und kühle Abendluft strömte herein. Dann fiel es wieder ins Schloss und es wurde still.

Mission: Die entführte Lehrerin 505.ZZZ.3/13

DIENSTAG, 27. JUNI

LBE:

1 superschnelles Moped
1 Notizblock
12 Tafeln Schoki mit Brausestückchen (Nervennahrung)

16:41 UHR. MITTELHAUSEN. SCHNITTLICH-SCHULE, HAUPTEINGANG.

Haha! Sie hat tatsächlich bestanden. Wer hätte das gedacht? Es besteht also noch Hoffnung für diese armen Kinder. Jetzt habe ich mich erst einmal davongeschlichen. Muss unbedingt rechtzeitig in der Schule sein, denn ich bin mir nicht sicher, ob die Kinder es noch pünktlich schaffen werden. Oh weh! Das ist nicht gut … gar nicht gut. Der Schulleiter muss in Schach gehalten werden. Wenn jetzt etwas schiefgeht, ist alles aus. Drückt mir die Daumen.

MfG Insp. RR

Klapprige Mühle am rauschenden Bach

Maxe sprang auf und stürzte zur Hühnerleiter. „Kommt, Leute, wir müssen los!“, rief er.

„Wie sollen wir das denn so schnell schaffen?“ Suse kam zusammen mit Elinore hinter zwei glänzenden Metallzubern hervorgekrochen. Die restlichen Kinder folgten.

„Ich bin nicht so schnell“, erklärte Elinore, lief aber immerhin schon mal zur Leiter.

„Wo issst der Inssspektor hin?“, rief jemand aus der hintersten Ecke. Dort stand Pascal und spähte hinter die große Holzkiste, wo sich vor wenigen Minuten noch Rasputin Rumpus versteckt hatte.

Wo war der geblieben? Maxe hatte keine Ahnung. Er schnaubte. „Ist doch auch egal, wir müssen zusehen, dass wir hier wegkommen!" Entschlossen kletterte er zurück nach unten. „Der Inspektor kann mir in Zukunft gestohlen bleiben! Der hat uns mal wieder reingelegt", fügte er noch leise hinzu.

Frieda hatte ihn dennoch gehört. „Na ja, um fair zu sein: Er hat nie behauptet, dass die Penne in Gefahr ist", sagte sie kleinlaut, während sie Maxe die Leiter hinunterfolgte. „Das haben wir uns selbst zusammengereimt."

Maxe schnaubte verächtlich. Nur wegen des Auftrags der BfLb hatte er doch überhaupt erst diese Suche begonnen! Und dann stellte sich heraus, dass der Typ die ganze Zeit gewusst hatte, wo sich die Penne befand … pah!

Aber egal, er, Maximilian Zack, würde dafür sorgen, dass sie rechtzeitig zurück ins Klassenzimmer kamen!

Ein kurzer Blick aus dem verschmierten Fenster verriet ihm, dass niemand mehr in der Nähe war. Mit einem Ruck riss er den Torflügel auf, stürmte nach draußen und wäre um ein Haar im Mühlbach gelandet. Armerudernd kam er zum Stehen und sah sich um. Oberhalb des Wasserrads befand sich das kleine Stauwehr, wo sie zuvor den kleinen Strom überquert hatten. Dahinter lag der Mühlteich, auf dem man im Winter Schlittschuh fahren konnte. Über eine kurze Wasserterrasse speiste lediglich ein kleiner Fluss den Mühlbach. Plötzlich kam Maxe eine Idee. Grinsend wirbelte er zu Frieda herum. „Hatten wir nicht noch ein aufblasbares Gummiboot dabei?“

„Ja schon, aber was willst du denn jetzt damit?“, fragte Frieda verständnislos.

„Wir brauchen noch mehr!“, rief Maxe und rannte zum Staudamm.

„Mehr wasss?“, wollte Pascal wissen.

„Mehr Boote oder irgendwas, das wir als Boot benutzen können!“, verkündete Maxe, während er über das Geländer des Staudamms kletterte.

Frieda zuckte die Achseln. „Die Kisten gehen nicht und die Körbe auch nicht …“

„Da gab es auch einen alten Waschzuber …“, meldete sich Elinore zu Wort. Sofort ruhten alle

Augen auf ihr. Schüchtern zog sie den Kopf hinter ihren Haarschleier zurück. „Vielleicht waren es auch zwei …“, wisperte sie.
„Äh, gut, okay, und wo waren die?“, bohrte Frieda nach.
„In der Ecke, wo wir uns versteckt hatten!“, rief Suse und deutete aufgeregt zurück in die Mühle. Sofort lief Frieda los. Doch außer ihr setzte sich mal wieder niemand in Bewegung.
Karl sah sich um. „Na los, worauf wartet ihr? Helft gefälligst mit!“, blaffte er seine Mitschüler an. Auf der Stelle setzten sich sämtliche Kinder in Bewegung und rannten zurück in die Mühle.
Karl selbst blieb draußen zurück. „Was hast du vor?“, fragte er Maxe und studierte dabei ungerührt seine dreckigen Fingernägel.
Inzwischen mühte sich Maxe an einer großen eisernen Kurbel ab, mit der das kleinste Stauwehr geöffnet werden konnte. Mit seiner ganzen Kraft stemmte er sich dagegen und drückte. „Ich versuche …“, keuchte er und warf sich nach vorne, „… diese Schleuse aufzubekommen.“ Nun probierte er es mit dem Fuß, aber auch seine Tritte

beeindruckten die alte Kurbel nicht. Missmutig ließ er die Schultern sinken und atmete schwer. Na schön, es half alles nichts. Allein würde er es nicht schaffen. „Karl, könntest du mir mal helfen?“, rief Maxe dem Klassensprecher zu. „Bitte … wir brauchen mehr Wasser … mehr Wasser, mehr Geschwindigkeit.“

Karl sah sich verdutzt um. „Hä? Ich?“, fragte er erstaunt. „Meinst du …?“

„Siehst du sonst noch jemanden hier?“, erwiderte Maxe. So ein Drückeberger!

Langsam setzte sich Karl in Bewegung und kletterte zu ihm aufs Wehr. „Na gut, was soll ich tun?“

Erstaunt blickte Maxe ihn an. Wenn er mal nicht vor der Klasse angeben konnte, schien Karl ganz vernünftig zu sein! „Am besten, du drückst mit mir zusammen gegen den Hebel. Sollte das nichts bringen, hängen wir uns gemeinsam daran“, erklärte Maxe eifrig.

Der Klassensprecher nickte knapp, trat neben Maxe und stemmte sich gegen den Drehgriff. „Puuuuhhhh!“, keuchte er.

„Uff …“ Maxe stöhnte.
Doch das Wehr ließ sich noch immer nicht öffnen.
„Okay, wir müssen uns dranhängen!“, verkündete Maxe und krempelte die Pulloverärmel hoch. Karl runzelte nur die Stirn.
Das Wehr war recht niedrig. Wenn er sich an die Kurbel hängte, musste er aufpassen, nicht nass zu werden – sollte sich die Stauwand plötzlich heben. Maxe packte den Griff, schob sich langsam über den Mauervorsprung und ließ sich schließlich der Länge nach hinunterbaumeln. Der Klassensprecher sah ihm mit offenem Mund zu.
„Okay, Karl, kommst du?“, presste Maxe hervor. Lange würde er so nicht hängen können. Das war ganz schön anstrengend!
Einen Moment war Karl wie versteinert, dann zuckte er mit den Schultern. „Was soll's, ich bin

eh schon dreckig und stinke und meine Haare sehen aus wie nasses Hundefell."

Maxe musste kichern und rutschte ein wenig ab. Sofort fasste er nach und bemühte sich durchzuhalten.

„Okay, mach aber schnell, bitte!"

In Zeitlupe und mit dem Po voraus schob sich Karl neben Maxe über die Kante der kleinen Staumauer nach unten. „Und jetzt?", fragte er ratlos.

Maxe keuchte. „Beeilung, ich rutsche ab …"

In dem Moment kam der Rest der Klasse zurück. Scheppernd und polternd schleppten sie die Bottiche heran. Karls Kopf fuhr herum.

„He, Karl, ssschicke Possse!“, grölte Pascal und Felix fing an, wie blöd zu gackern.
Vor Schreck verlor Karl den Halt, stürzte nach hinten und ruderte mit den Armen.
„Ahhhhh!“, heulte er und rutschte an Maxe vorbei. In allerletzter Sekunde schaffte er es, die Kurbel zu packen.
Und endlich bewegte sie sich. Das Zahnrad der Staumauer quietschte und die beiden Jungs sackten nach unten.
Maxe verzog das Gesicht. Den Teil seines Plans hatte er nicht wirklich durchdacht. Denn genau in dem Moment, als ihm die Puste ausging, hob sich die Stauwand und das Wasser schoss unter seinen Füßen hindurch.
„Hierher!“, brüllte Frieda, als sie sah, wie die beiden Jungen zeitgleich losließen.
Aus dem Augenwinkel sah Maxe etwas auf ihn zufliegen.
„Hiiiilfe!“, kreischte Karl im Fall.
Makkaroni bellte wie bekloppt.
Baaam!! Mit einem dumpfen Schlag landeten die Jungs auf etwas Wabbeligem. Wasser spritzte.

Mehrere Kinder jubelten. Karl hörte auf zu schreien.
Schwankend kam Maxe zum Sitzen und wischte sich ein wenig Spritzwasser aus dem Gesicht. Total abgefahren! Sie saßen tatsächlich im Schlauchboot!
„Du bist ein Genie!", rief Maxe und blickte anerkennend zu Frieda.
Baaam!!! Noch einmal wurden die beiden Jungs durchgerüttelt, als Anton und Frieda mit Knutschi im Boot landeten.
„Leinen los, Käpt'n!", grinste Maxe und machte den Neuankömmlingen Platz.
„Jetzt reicht es mir aber …" Karl lag noch immer mit dem Gesicht am Boden, die Nase zwischen die Rillen des Schlauchboots gepresst. Umständlich rappelte er sich auf und guckte in die Runde.
„Hä⸮!"
Die Kinder lachten. „Karl, du bist genial!", prustete Maxe los und meinte es sogar ausnahmsweise einmal erst. Ohne Karl hätte er die Staumauer schließlich niemals öffnen können!
„Ja, ja … ich habe ja auch den einzigen witzigen

Witz erzählt!“ Karl verzog das Gesicht, wobei nicht ganz zu erkennen war, ob er grinste oder die Nase rümpfte.
Immer mehr Wasser schoss durch das offene Wehr und das Schlauchboot nahm Fahrt auf. Mit Karacho sauste es den Mittelbach hinab. Nur Makkaroni hielt noch mit. Bellend raste Maxes Hundekumpel neben dem Boot her. Die Mühle hinter ihnen wurde immer kleiner. Über dem hohen Gras konnten sie gerade noch beobachten, wie die anderen Kinder sich in die Bottiche quetschten und nacheinander ablegten.
Kurz darauf sausten auch die Waschzuber in rasantem Tempo dem kleinen Städtchen entgegen.
„Oh nein!“, rief Anton plötzlich und deutete nach vorne. „Da kommt ja ein Tunnel!“
Die Kinder zuckten erschrocken zusammen.
Maxe fluchte. „Mist! Das hab ich ganz vergessen.“

Mission: Die entführte Lehrerin 505.ZZZ.3/14

DIENSTAG, 27. JUNI

LBE:

12 Donuts
5 Tafeln Schoki
35 Pfefferminzbonbons
1 Notruf-Mobiltelefon
1 Morse-Notruf
1 Lagerfeuer mit Rauchzeichen-Notruf

17:25 UHR. MITTELHAUSEN. SCHNITTLICH-SCHULE, HAUPTEINGANG.

Wie es aussieht, bin ich zu spät. Das ist mir noch nie passiert! Die armen Kinder! Wer rettet sie denn jetzt bloß? Mayday, Mayday! Notruf aus der Schnittlich-Schule! Ich brauche dringend Unterstützung. Hoffe, es sind noch nicht alle Feierabend machen …

MfG Insp. RR

Kopf an Kopf

Maxe schluckte. „Okay, Leute, gar kein Problem, wir können da sicher einfach durchfahren!“ Der schwarze Schlund des Tunnels kam immer näher und grinste ihnen höhnisch blubbernd entgegen. Von hinten hörte Maxe nun auch die ängstlichen Rufe der restlichen Klasse. Er sah sich um. Der Labrador raste noch immer auf der Wiese nebenher.

Hektisch blickte Maxe von einem Kind zum anderen. „Wir müssen Platz für Makkaroni machen!“ Er zog die Knie an. Viel Freiraum war nicht mehr in dem winzigen Schlauchboot.

Trotzdem rutschten alle noch ein Stück zusammen.
Maxe pfiff und Makkaroni antwortete mit einem kurzen lauten Kläffen. Dann legte der Hund die Ohren an und gab noch einmal richtig Gummi. Blitzschnell schlug er einen Haken, drückte sich von der Wiese ab und landete mit einem gewaltigen Satz direkt neben Maxe.
„Juhhuuu!“, jubelte Frieda, während Knutschi freudig maunzte.
„Achtung!“, brüllte Anton.
Keine Sekunde zu früh! Ruckartig zogen sie die Köpfe ein. Denn im nächsten Moment schoss das Schlauchboot in den Tunnel.
Gurgelnd rauschte das Wasser durch die Dunkelheit. Die Geräusche hallten von den Wänden wider und dröhnten in den Ohren.
Maxe tastete in seinem Rucksack nach der Taschenlampe. Mit zittrigen Fingern knipste er sie an. Ein heller Lichtkegel huschte über das schwarze Wasser und die nassen Tunnelwände.
Zwei Fledermäuse flogen auf.
„Oh!“, machte Karl.

„Warum ist denn die Decke so nah?“ Anton musste brüllen, damit man ihn hörte.
Mist! So genau hatte Maxe sich das wirklich nicht überlegt! Jetzt konnten sie bloß hoffen, dass die Decke nicht noch näher kam! Sonst würden sie stecken bleiben!
„Weil Maxe den Damm geöffnet hat!“, schrie Frieda heiser.
Na klar! Warum hatte er nicht selbst daran gedacht? Der Wasserstand des Mittelbachs war jetzt wesentlich höher als sonst und würde erst wieder sinken, wenn der Mühlteich leergelaufen war!
Das Boot raste immer schneller durch den Tunnel. Weißer Schaum trieb auf den Wellen.
Makkaroni winselte. Knutschi verschwand in Friedas Jacke.
„Festhalten!“ Maxe krallte sich an den Rand des Boots. Makkaroni legte sich flach auf den Boden und schob die Pfoten über die Augen.
Wasser spritzte ins Boot.
„WAHHHH!“, schrie Anton. Er versuchte, sich selbst festzuhalten und gleichzeitig seine Brille.

Makkaroni schüttelte sich. Knutschi kreischte.
„Da kommen die anderen!“, rief Karl und deutete nach hinten.
Im funzeligen Licht von Maxes Taschenlampe glänzten die Metallbottiche. Sie konnten die ängstlichen Gesichter von Felix, Suse und Pascal erkennen.
„Wir werden langsamer!“, rief Anton und spähte über den Rand.
„Ich glaube, der Wasserstand sinkt ein wenig“, schrie Frieda mit Blick auf die Tunnelwände. Vor ihnen wurde es heller. „Da vorne ist der Ausgang!“ Friedas Haare klebten ihr an den Wangen.
Maxe setzte sich auf und robbte zum Bootsrand. „Dann muss hier irgendwo der Durchgang zur Schule sein!“ Angestrengt versuchte er, an der glitschigen Wand Halt zu finden, um das Boot zu bremsen.
Sofort kam ihm Frieda zu Hilfe. „Hier!“, schrie sie. „Hier ist der Durchgang zum Kanal!“ Seine Freundin schob sich über den Rand des Gummiboots und krabbelte in die Öffnung hinein.
„Macht schnell“, sagte Maxe zu Anton und Karl.

„Lange können wir das Boot nicht halten, die Strömung ist einfach zu stark."
Sogleich stieg Anton hinter Frieda aus und übernahm ihre Position beim Festhalten.
Dann war Karl an der Reihe. „Ich will nicht zurück in dieses stinkende Loch!", sträubte er sich.
„Wir haben aber keine Zeit mehr!", rief Maxe und gab ihm einen kleinen Schubs. Die beiden anderen Kinder packten Karl und zogen ihn zu sich in den Durchgang.
„Ich komme!" Maxe konnte gerade noch abspringen, bevor die Strömung das Boot endgültig erfasste und davontrug.
Raaaatsch! Kaum war Maxe an Land, erzitterten die Tunnelwände.
„Ahhhhhh!", brüllten die Kinder in den Bottichen.
„Wir müssen sie abpassen!", schrie Maxe.
Gemeinsam mit Frieda und Anton zwängte er sich zurück in den Durchgang.
Der erste Wäschebottich kam auf sie zugeschossen. Ganz vorne saß Pascal. Mit vereinten Kräften zogen sie den Bottich heran und halfen den Kindern an Land.

„Das war so cool!“, kicherte Felix, während er begeistert in die Hände klatschte.
„Mach mal Platz!“, forderte Maxe ihn auf.
Der zweite Bottich sauste heran. Inzwischen floss schon deutlich weniger Wasser durch den Tunnel. Maxe und Frieda streckten die Hände aus und ohne Probleme schafften es auch die letzten Kinder hinauf in den Durchgang zur Schnittlich-Schule.
„Puh! Geschafft!“, keuchte Frieda und ließ sich gegen die feuchte Kanalwand sinken.
„Keine Zeit für Pausen! Wir müssen jetzt wirklich Gas geben. Bestimmt ist Schnittlich schon zurück in der Schule!“, rief Maxe, während er sich die schweißnasse Stirn abwischte. Mit der Taschenlampe in der Hand lief er voraus. Hektisch leuchtete er an den Kanalwänden hoch und runter.
„Los, macht –“ Maxe geriet ins Stolpern, schlitterte nach vorne und ruderte mit den Armen.
„Ahhhhh!“, schrie er und kam der schwarzen Kanalbrühe auf einmal ziemlich nah.
Doch da packte ihn eine Hand am Pullover und zog ihn zurück. „Glaub mir, da willst du nicht

baden gehen“, sagte Karl mit einem schiefen Grinsen und ließ Maxe vorsichtig los.

Maxe atmete erleichtert auf. „Danke, Mann! Das war knapp …“

„Hier, ich habe schon mal das Seil aus der Brühe gefischt!“ Der Klassensprecher hielt ihm das Ende entgegen und deutete die Rutsche hinauf.

Vor Überraschung verschlug es Maxe die Sprache. Karl half mit und hatte ihn tatsächlich gerade vor dem Kanal gerettet?!

„Was machen wir mit Makkaroni?“, riss ihn Frieda aus seinen Gedanken. „Er kann da nicht hochklettern.“ Sie deutete auf das Seil, an dem sich bereits die ersten Kinder nach oben zogen.

Maxe sah zu seinem Hundekumpel. Schwanzwedelnd sprang er zwischen den Kindern herum.

„Okay, Kumpel, du musst jetzt nach Hause zurück, ja?“ Makkaroni legte den Kopf schief und jaulte.

Maxe kraulte ihm den Rücken. „Na, komm schon, sei ein braver Hund und warte daheim auf mich!“

Mit hängenden Ohren trottete Makkaroni schließlich los und verschwand mit einem lauten *Flatsch* im Mittelbach.

„Mach schon, Maxe! Wir sind die Letzten", rief Frieda aus dem Rutschbahnschacht. „Auf Makkaroni ist Verlass. Der findet immer alleine nach Hause."

Maxe nickte langsam und griff nach dem Seil.

Mission: Die entführte Lehrerin 505.ZZZ.3/15

DIENSTAG, 27. JUNI

LBE:

12 Tafeln Schoki gegen Kopfschmerzen (Daran ist nur dieser Schulleiter schuld!)
1 Dose Erdnüsse
34 Pfefferminzbonbons
1 Hundepfoten-Spurenlese-Lupe

18:02 UHR. MITTELHAUSEN. SCHNITTLICH-SCHULE, HAUPTEINGANG.

Konnte den Schulleiter nicht länger aufhalten. Er ist auf dem Weg in seine Wohnung. Oh Schreck! Ob das wohl ein gutes Ende nimmt? Habe Pfotenabdrücke im Flur identifiziert. Gehören einem Labrador … oder vielleicht auch einer Dogge. Einem von beiden jedenfalls. Da bin ich mir sicher!

MfG Insp. RR

Ist es wirklich schon so spät?

Maxe lag flach auf dem Bauch und spähte durch einen kleinen Spalt in ihr Klassenzimmer hinab. Was er da sah, bestätigte seine schlimmsten Befürchtungen.

Sie waren zu spät.

Direkt unter ihnen standen Herr Schnittlich und der Inspektor.

„Sie wollen mir also erzählen, dass eine ganze Schulklasse einfach so verschwinden kann?“, fragte Rasputin Rumpus gerade.

„Wenn ich es Ihnen doch sage! Sie waren alle hier und haben diese Matheaufgabe gelöst …“

„Und wer hatte die Klasse derweil unter Aufsicht?“ Die Stimme des Inspektors klang scharf.
Herr Schnittlich zog den Kopf ein.
„Pssst!“, zischte es auf einmal hinter Maxe. Er hob den Kopf und blickte in die verschüchterten Gesichter seiner Klassenkameraden. „Psssst!“ Noch einmal zischte es und Maxe schloss leise die Klappe zum Klassenzimmer.
„Die Tür zu Schnittlichs Schlafzimmer ist offen!“, flüsterte Frieda aufgeregt.
Sofort war Maxe auf den Beinen. „Dann nix wie raus hier!“ Ihm würde schon was einfallen. Irgendwie würde er Schnittlich erklären, warum sie nicht mehr im Klassenzimmer waren. Aber erst einmal mussten sie hier weg. „Solange Schnittlich da unten ist, kann er uns nicht erwischen“, beruhigte er seine Klasse. „Und außerdem ist um diese Zeit niemand mehr da.“ Er schluckte. „Außer Traufe und Alfons natürlich.“
Mit der Taschenlampe in der Hand schlich er durch das fensterlose Schlafzimmer des Direktors. Auf Zehenspitzen trippelte die Klasse ihm hinterher.

„Passs auf, dasss du beim Rausssgehen nicht dasss ssstille Örtchen umkippssst!“, raunte Pascal ihm von hinten zu.
Maxe nickte und drückte die unscheinbare Holztür ganz langsam auf. Dennoch hörte er im Flur die Stuhlbeine des stillen Örtchens über den Plastikfußboden schleifen.
Die Kinder zuckten zusammen. Das Geräusch schien durch die ganze Schule zu dröhnen, wahrscheinlich bis zur Eingangshalle! Doch es gab kein Zurück mehr. Maxe sprang hinaus in den Flur. Er war leer! Puh!
„Abgefahren! Was für ein Glück …“, keuchte er und rannte los in Richtung Treppe. Dabei überlegte er fieberhaft. Was sollte er Schnittlich und dem Inspektor am besten erzählen? Würde Rumpus ihm helfen? Oder würde er sie in die Pfanne hauen? Bei diesem Inspektor war er sich nie ganz sicher.
„Maxxxe, warte, da vorne …“ Doch Pascals Warnung kam zu spät.
Immer zwei Stufen auf einmal nehmend, raste Maxe die Treppe zum Erdgeschoss hinunter.

Viel zu spät drangen die hektischen Schritte und das Bellen zu ihm durch.
„Ahhhh!", rief er und befürchtete das Schlimmste: Traufe und Alfons!
Doch was war das?!
Ein gelber Labrador sprang ihm entgegen.
„Makkaroni!" Sein Hundekumpel warf sich auf ihn und schlabberte ihm übers Gesicht. „Ähhhh, du bist ja noch ganz nass!"
„Kinder, zum Glück! Wo wart ihr denn? Geht es euch gut? Maxes Hund stand plötzlich vor meiner Tür und da dachte ich schon, euch wäre etwas zugestoßen! Ich bin sofort zurück zur Schule, um nachzusehen …" Frau Penne beugte sich über Maxe und musterte ihn besorgt. Irgendwie sah sie verändert aus.
Bevor eines der Kinder antworten konnte, wurde es am Flurende laut.
„Aha! Da sind sie ja, diese Gören!", schrie Schnittlich und lief vor Ärger dunkelrot an. Der Inspektor und Traufe mit Alfons folgten ihm in einigem Abstand.
Beim Klang von Schnittlichs Stimme zuckte Frau

Penne kurz zusammen. Dann trat sie dem Schulleiter jedoch mutig entgegen. „Die Kinder sind hier bei mir“, sagte sie bestimmt, „bei ihrer Klassenlehrerin, so wie es sein sollte.“ Sie warf dem Inspektor einen schnellen Blick zu und fuhr dann fort. „Ich habe sie … ähm … auf einen Abendausflug mit dem Hund eingeladen.“ Sie deutete auf Makkaroni, der sich brav neben sie setzte.

Schnittlich machte ein paarmal den Mund auf und zu. Schließlich blaffte er erzürnt: „Und wo kommt dieser Hund her, Frau Penne? Sie wissen doch, nach Regel 566 des Schnittlichen Regulariums sind Haustiere in der Schule strengstens verboten!“

Frieda rückte näher an Maxe heran. Wahrscheinlich, um Knutschi, die zwischen den Kindern saß, besser verbergen zu können. Alle Blicke waren auf die Klassenlehrerin gerichtet.

„Dieser Hund heißt Makkaroni! Und ab sofort wird er immer mit in der Schule sein“, erklärte Frau Penne. „Schließlich ist der ja auch immer hier.“ Sie zeigte auf Alfons.

Maxe glaubte nicht recht zu hören! Frau Penne nahm tatsächlich *seinen Hund* in Schutz? Glücklich strahlte Maxe seine Lehrerin an.
Schnittlichs Lippen bebten, doch er sagte nichts mehr. „Traufe, kommen Sie!“, brüllte er noch, bevor er wutschnaubend um die nächste Ecke verschwand.
Lächelnd zückte der Inspektor ein Blatt vollgekritzeltes Papier. „Herzlichen Glückwunsch, Frau A.-M. Penne, hiermit erhalten Sie den Lieblingslehrerinsonderschein!“
Ehrfürchtig nahm Frau Penne das Blatt entgegen.
Grrrrr!, knurrte es laut.

„'tschuldigung, das war mein Bauch!“ Maxe zuckte verlegen die Schultern. „Ich hab den ganzen Tag nichts gegessen und echt einen Bärenhunger …“
Frau Penne griff in ihre Tasche: „Ich habe Brot, aber keinen Aufstrich. Ihr wisst ja, Regel Nummer –“
„Aber ich!“, unterbrach sie der Inspektor. „Ich habe Butter und Erdbeermarmelade dabei. Die ist auch eigentlich viel zu schade, um sie nur auf Schuhe zu schmieren.“ Zwinkernd drückte er Maxe ein Glas in die Hand.
Sollte das Blut auf Frau Pennes Schuh etwa Marmelade gewesen sein?
„Frau Penne, liebe Kinder, es war mir ein Vergnügen. Ja, ja, tatsächlich. Ein Vergnügen!“
Dann wandte er sich ab und ging.
Maxe runzelte die Stirn. So ganz verstand er immer noch nicht, was es mit diesem Inspektor auf sich hatte. Aber eins war klar – er lächelte: Der Tag war alles andere als langweilig gewesen.

Mission: Die entführte Lehrerin 505.ZZZ.3

DIENSTAG, 27. JUNI – ABSCHLUSSBERICHT

LBE:

Nudeln mit scharfer Tomatensoße (Penne all'arrabbiata)
3 Gläser selbst gemachte Limo

20:30 UHR. MITTELHAUSEN. GEHEIME KOMMANDOZENTRALE BFLB.

Kinder, Kinder, an denen beiß ich mir noch die Zähne aus! Also nicht an meinen Nudeln – obwohl die auch ein bisschen zu bissfest sind für meinen Geschmack –, nein, an den Damen und Herren der Schnittlich-Schule natürlich! Nächste Woche ist Schulfest, unsere letzte Chance. Ansonsten bleibt lediglich zu hoffen, dass zumindest der Lehrkörper A.-M. Penne über die Ferien nicht alles vergisst, was sie in diesem Schuljahr so mühsam gelernt hat. Ende der Durchsage!

Mit freundlichen Grüßen

Insp. RR

Das war das dritte Abenteuer rund um
die unlangweiligste Schule der Welt!

Das nächste Abenteuer ist ein Wettlauf gegen die Zeit:
Denn Maxes Klasse bekommt Zeugnisse!
Und die sind so schlecht, dass die Klasse alles tun muss,
um die Übergabe zu verhindern …

Begleite Maxe auch auf seine nächste Mission!

Leseprobe aus

Die unlangweiligste Schule der Welt
Zeugnis-Alarm

MISSION: 505.ZZZ.4/01

DIENSTAG, 04. JULI, 7:07 UHR. MITTELHAUSEN. BFLB MOBILE ZENTRALE.

Meine lieben Kollegen,

ich sage euch, die Ferien kommen keinen Tag zu früh! Ich bin am Ende. Jetzt gilt es nur noch, diese eine, allerletzte Mission erfolgreich zu beenden. Was steht auf dem Spiel, fragen Sie sich? Alles und nichts. Nach den drei letzten Aufträgen, die Geheimagenten Zack und Geratwol mutig und tapfer erfüllt haben, bin ich auch diesmal siegessicher.

Die Endjahreszeugnisse sind unterschrieben, die Tinte kaum getrocknet – und schon bahnt sich eine Katastrophe ungeahnten Ausmaßes an. Doch keine Sorge, liebe Kollegen, ich bin bereits an der Sache dran. Und dem Schulleiter auf der Spur. Seid gewiss, er wird mir nicht entwischen. Jeden Furz, den er von sich gibt, werde ich abhören, jedes unheilvolle Gähnen protokollieren, jedes Nasepopeln genauestens untersuchen. Für die Erhaltung zahnputzfreier Montage, vollfetthaltiger Schokocreme in Pausenbroten und regenbogenfarbener Einhörner in rosa Schultaschen – dafür bürge ich mit meinem Namen. Ich werde Sie nicht enttäuschen. Bis dahin.

Mit freundlichen Grüßen

Insp. Rasputin Rumpus

Die Abenteuer der
„Unlangweiligsten Schule der Welt"
gibt es überall im Buchhandel
sowie auf carlsen.de

Mit Fragen zur Produktsicherheit wenden Sie sich bitte an:
carlsen.de/kontakt

Völckersstraße 14–20, 22765 Hamburg
Umschlag und Innenillustrationen: Monika Parciak
Umschlaggrafik: Sabine Reddig
Lektorat: Jacqueline Guse
Herstellung und Gestaltung: Constanze Hinz
Lithografie: Margit Dittes Media, Hamburg
Satz: Pinkuin Satz und Datentechnik, Berlin
978-3-551-65393-2